KB275023

AI는 영상 제작을 어떻게 바꾸는가

책을 통해 얻는 수익금 일부는 열악한 영상 제작업 근로환경 개선을 위해 기부됩니다.

창의적인 스토리텔링의 도구로서 AI 영상제작 툴은
더 이상 먼 미래의 이야기가 아니다!

AI는 영상 제작을 어떻게 바꾸는가

주광수, 윤성욱 지음

렛츠북

CONTENTS

1장　AI와 영상 제작의 기초 이해

6장 AI 영상 제작의 함정과 해결 방법

7장 고급 활용 및 커스텀AI

8장　나만의 영상 표현력 높이기

9장　앞으로의 전망과 준비

마치는 글   AI 영상은 새로운 표현 도구

AI 영상 제작의
시대가 열리다

"AI 영상 제작 툴(Tool)을 이용하면 전문 영상 편집자가 아니어도 누구나 손쉽게 고퀄리티의 영상을 만들 수 있다."

이 말은 몇 년 전만 해도 다소 과장된 홍보 문구처럼 들릴 수 있었습니다. 하지만 지금, 우리는 AI를 이용해 텍스트나 이미지를 넣으면 자동으로 영상이 생성되고, 짧은 시간 내에 디자인부터 편집·효과까지 적용 가능한 세상에 살고 있습니다.

제가 처음 AI 영상 제작 툴을 접했을 때가 2019년 무렵입니다. 그 당시에는 영상에 AI를 적용한다는 게, 딥페이크처럼 특정 인물의 얼굴을 합성하는 것이 주목을 받는 정도였지요. 하지만 최근에는 Runway, Lumen5, Kaiber, D-ID 등 다양한 서비스가 생겨나면서, 글을 입력하면 동영상이 만들어지고, 정적 이미지에 간단한 애니메이션을 입혀 자연스러운 영상처럼 표현하는 등 정말 '버튼 몇 개'로도 완성도 높은 콘텐츠를 만들 수 있게 되었습니다.

이 책은 AI 영상 제작 툴을 한 번도 사용해 보지 않은 분도 쉽게 이해하고 활용할 수 있도록 구성되었습니다. 전통적인 영상 편집 툴을 사용했던 경험이 있는 독자는 물론이고, 영상 자체를 처음 만들어 보는 분들도 쉽게 따라올 수 있도록 단계별 실습과 예시를 풍부하게 담았습니다.

AI가 생성하는 영상은 크리에이티브 분야에서 새로운 가능성을 열어줄 뿐만 아니라, 누구나 자신만의 스토리를 영상으로 풀어낼 수 있는 기회를 제공합니다. 영상 크리에이터, 마케터, 교육자, 그리고 개인 유튜버부터 SNS 콘텐츠 제작자까지 모두가 AI 영상 제작 툴의 도움을 받을 수 있습니다.

이 책을 다 읽고 나면, 독자 여러분은 다음과 같은 것들을 얻을 수 있습니다.

① AI 영상 제작의 기초 원리: 텍스트, 이미지, 음성 등 다양한 입력을 통해 영상이 만들어지는 과정을 쉽게 이해할 수 있습니다.

② 실습 위수의 제험: 여러 AI 툴의 특싱과 사뵹 방법을 따라 하다 보면, 실제로 완성도 높은 영상을 직접 만들어 볼 수 있습니다.

③ 고퀄리티 영상 제작 노하우: 단순히 AI가 만들어 주는 결과물에 만족하지 않고, 개인의 창의성을 더해 영상의 완성도를 높이는 방법을 배울 수 있습니다.

④ 부작용과 윤리적 문제 이해: 저작권이나 인물 합성 등 AI 영상 제작 과정에서 발생할 수 있는 다양한 문제를 이해하고, 이에 올바르게 대응하는 방법을 익힐 수 있습니다.

창의적인 스토리텔링의 도구로서 AI 영상 제작 툴은 더 이상 먼 미래의 이야기가 아닙니다. 이제 직접 체험해 보고, 여러분의 콘텐츠에 어떻게 접목할 수 있을지 함께 고민해 봅시다.

필자는 수년간 영상 제작 회사를 운영하며, 다양한 영상 콘텐츠를 제작해 왔습니다. AI 영상의 등장은 지금까지의 영상 제작 패러다임을 바꾸는 커다란 변화를 예고하고 있습니다. 함께 AI 영상의 세계를 알아보며, 그 새로운 변화를 직접 경험해 보시기 바랍니다.

주광수, 윤성욱
웨이온(구 스튜디오얌얌) 대표 일동

≫ AI 영상 제작이 가져올 미래

변화하는 미디어 환경과 영상 콘텐츠의 중요성

인터넷과 모바일 환경이 급속도로 발전하면서, 영상 콘텐츠는 이미 텍스트나 이미지보다 훨씬 강력한 소통 수단으로 자리 잡았습니다. 유튜브, 틱톡(TikTok), 인스타그램 릴스 등 숏폼 영상 플랫폼의 인기가 이를 잘 보여줍니다. 사람들은 이제 글보다는 짧고 임팩트 있는 영상을 통해 정보를 얻고, 재미를 찾고, 때로는 상품 구매 결정까지 하게 됩니다.

1) 관심을 끄는 속도

영상 콘텐츠는 몇 초 만에 시청자의 눈길을 사로잡아야 합니다. 특히 모바일 환경에서는 그 중요성이 더욱 커집니다.

2) 분명한 메시지 전달

시청자에게 텍스트 + 이미지 + 음향을 결합한 다채로운 정보가 동시에 전달되어 몰입도가 높습니다.

3) 소셜 미디어 환경

카메라 접근성이 높아지면서 남녀노소 누구나 영상 제작자(크리에이터)가 될 수 있는 시대가 되었습니다.

제가 실제로 다양한 기업의 홍보 영상을 제작해 본 경험을 돌이켜 보면, 하나의 영상이 고객의 구매 전환율을 높이거나, 교육 분야에서는 학습 효율을 향상시키는 사례를 많이 볼 수 있었습니다. 이는 간결한 시청 경험과 흥미 요소가 결합되었기 때문입니다.

AI 영상 제작 도구의 등장 배경

그렇다면, 요즘 들어 왜 이렇게 많은 AI 영상 제작 툴이 쏟아져 나오는 것일까요?

1) 딥러닝 기술의 발전

이미지 인식·합성 기술이 급격히 진보함에 따라, 하나의 프레임(Frame)에서 다음 프레임을 예측하거나, 정적 이미지를 자연스럽게 움직이는 기술이 가능해졌습니다. 예전에는 수많은 이미지를 수작업으로 편집하고 이어 붙여야만 했던 작업을, 이제는 모델이 '패턴'을 학습해 자동으로 수행해 줍니다.

2) GPU와 클라우드 컴퓨팅 환경의 보급

고성능 그래픽 처리 장치(GPU)가 크게 대중화되었고, 클라우드 플랫폼에서 저렴한 비용으로 방대한 연산 자원을 사용할 수 있게 되었습니다. 이 덕분에 기업과 개인 모두 대용량 데이터와 복잡한 AI 모델을 다루는 부담이 줄어들었습니다.

3) 콘텐츠 시장의 경쟁 심화

영상 콘텐츠에 대한 수요가 폭발적으로 증가하면서, 제작 시간을 단축하고 퀄리티를 높이는 기술에 대한 관심이 커졌습니다. AI는 '빠르게, 그러나 완성도 높게' 콘텐츠를 만들고자 하는 제작자의 니즈를 해결하는 유력한 솔루션이 되었습니다.

필자 역시 영상 제작 현장에서 주로 사용하던 Adobe Premiere Pro 또는 After Effects 같은 프로그램에 익숙했지만, 몇몇 AI 툴을 접한 뒤로부터는 제작 속도가 눈에 띄게 빨라진 것을 체감했습니다. 특히 자막 자동 생성이나 음성 합성 등은 수십, 수백 긴의 영상을 일괄 처리할 때 엄청난 효과를 발휘합니다.

이 책은 AI 영상 제작 툴을 전혀 모르는 독자분도 '오늘 당장' 새로운 영상을 만들어 볼 수 있도록 구성했습니다. 큰 흐름은 다음과 같습니다.

① AI와 영상 제작의 기초 이해: AI의 작동 원리와 영상 제작 프로세스 전반을 살펴봅니다.

② Tool별 특징과 활용 사례: 3장과 4장에서는 실제 AI 영상 제작 툴들을 소개하고, 간단한 실습을 통해 영상 한 편을 완성해 봅니다.

③ 고퀄리티 영상 제작 노하우: 5장 이후에는 좀 더 완성도 높은 결과물을 얻기 위한 시나리오 기획, 편집 테크닉, 음향 디자인 등을 다룹니다.

④ 윤리적 이슈와 미래 전망: AI를 이용해 영상을 만들 때 발생할 수 있는 저작권 문제, 딥페이크 이슈, 윤리적 고민을 6장에서 자세히 다루고, 마지막으로 향후 기술 발전 방향과 미래 전망을 짚어봅니다.

이 책 곳곳에는 필자가 직접 실무에서 접했던 사례 스크린샷과 경험담이 들어있습니다. 이를 통해 독자들은 단순히 '이런 기능이 있다'는 것에 그치지 않고, 실제 작업 과정과 결과물이 어떻게 나오는지까지 직접 눈으로 확인할 수 있을 것입니다.

또한 각 장의 후반부에는 독자들이 따라 하면서 궁금해할 법한 부분을 미리 짚어보았습니다. 인터넷 강의나 별도의 온라인 자료와 함께 보면 더욱 이해가 쉬울 것입니다.

"AI는 우리 시대의 가장 위대한 평등자이다.
이제는 누구나 아이디어를 자연어로 표현해
창작자가 될 수 있다."

- Jensen Huang(NVIDIA CEO) -

AI와 영상 제작의 기초 이해

AI(인공지능)란 무엇인가?

≫ AI의 기본 개념

인공지능(Artificial Intelligence, AI)은 인간의 학습 능력, 추론 능력, 지각 능력, 자연어 이해 능력 등을 컴퓨터 프로그램으로 구현한 기술을 의미합니다. 단순히 정해진 규칙에 따라 작동하는 것을 넘어, 데이터를 분석하고 패턴을 인식하며, 이를 바탕으로 스스로 학습하고 판단하여 문제를 해결하는 능력을 갖추고 있습니다. AI는 크게 두 가지 범주로 나눌 수 있습니다. 특정 작업을 수행하도록 설계된 '약한 인공지능(Narrow AI)'과 인간처럼 다양한 인지 능력을 갖춘 '강한 인공지능(General AI)'이 그것입니다. 현재 우리가 접하는 대부분의 AI는 약한 인공지능에 해당하며, 이는 특정 분야에서 인간을 능가하는 성능을 보여주기도 합니다.

AI의 핵심은 '학습'에 있습니다. 방대한 데이터를 통해 스스로 규칙을 찾아내고, 이를 통해 예측하거나 새로운 것을 생성하는 능력을 키웁니다. 이러한 학습 방식에는 머신러닝(Machine Learning)과 딥러 닝(Deep Learning)이 대표적입니다. 머신러닝은 데이터를 기반으로 학습하여 예측이나 결정을 내리는 알고리즘을 개발하는 분야이며, 딥러닝은 머신러닝의 한 분야로, 인간 뇌의 신경망을 모방한 인공신경망을 사용하여 복잡한 패턴을 학습하는 기술입니다. 딥러닝은 특히 이미지 인식, 음성 인식, 자연어 처리 등 비정형 데이터 처리에서 뛰어난 성능을 발휘하며, 최근 AI 기술 발전의 핵심 동력이 되고 있습니다.

≫ AI가 미디어·영상 분야에 미치는 영향

AI 기술의 발전은 미디어 및 영상 산업에 혁명적인 변화를 가져오고 있습니다. 과거에는 전문가의 영역으로 여겨졌던 영상 제작 과정이 AI의 도움으로 더욱 효율적이고 접근 가능하게 변모하고 있습니다. AI는 영상 기획부터 촬영, 편집, 후반 작업, 배포에 이르는 전 과정에 걸쳐 다양한 방식으로 활용될 수 있습니다.

우선, AI는 콘텐츠 기획 단계에서 시청자 데이터를 분석하여 인기 있는 주제나 트렌드를 예측하고, 이에 맞는 스토리 아이디어를 제안할 수 있습니다. 또한, 스크립트 작성 시 자연어 처리(NLP) 기술을 활용하여 대사를 자동으로 생성하거나 수정하는 데 도움을 주기도 합니다. 촬영 단계에서는 AI 기반의 카메라가 피사체를 자동으로 추적하거나 최적의 구도를 잡아주는 등 촬영 효율을 높일 수 있습니다.

　가장 큰 변화는 편집 및 후반 작업에서 나타나고 있습니다. AI는 방대한 영상 소스에서 필요한 장면을 자동으로 선별하고, 불필요한 부분을 제거하며, 최적의 편집점을 찾아냅니다. 예를 들어, 특정 인물이 등장하는 장면만 모으거나, 감정선을 분석하여 적절한 배경 음악을 추천하는 것이 가능합니다. 또한, 색 보정, 노이즈 제거, 흔들림 보정 등 전문적인 후반 작업도 AI의 도움으로 훨씬 빠르고 정확하게 수행할 수 있습니다. 특히, AI 기반의 특수 효과 및 합성 기술은 복잡한 시각 효과를 구현하는 데 드는 시간과 비용을 획기적으로 줄여주고 있습니다.

배포 및 마케팅 측면에서도 AI의 역할은 중요합니다. AI는 시청자의 시청 기록과 선호도를 분석하여 개인 맞춤형 콘텐츠를 추천하고, 효과적인 광고 전략을 수립하는 데 기여합니다. 자동 자막 생성, 다국어 번역 기능은 콘텐츠의 접근성을 높여 글로벌 시장으로의 확장을 돕습니다. 이처럼 AI는 미디어 및 영상 산업의 생산성을 향상시키고, 새로운 창작의 가능성을 열어주며, 궁극적으로는 시청자에게 더욱 풍부하고 개인화된 경험을 제공하는 핵심 기술로 자리매김하고 있습니다.

생성형 AI의 원리와 특징

» 생성형 AI(Generative AI)의 작동 방식

생성형 AI는 기존 데이터를 학습하여 새로운 데이터, 즉 텍스트, 이미지, 오디오, 비디오 등 다양한 형태의 콘텐츠를 생성하는 인공지능 모델을 의미합니다. 기존의 판별(Discriminative) AI가 주어진 데이터를 분류하거나 예측하는 데 중점을 두었다면, 생성형 AI는 학습한 데이터의 패턴과 구조를 이해하고 이를 바탕으로 세상에 없던 새로운 결과물을 만들어 내는 데 특화되어 있습니다.

생성형 AI의 핵심 작동 방식은 크게 두 가지로 설명할 수 있습니다.

첫째는 '확률적 모델링'입니다. 생성형 AI는 학습 데이터를 통해 특정 데이터가 나타날 확률 분포를 학습합니다. 예를 들어, 이미지 생성 AI는 수많은 그림을 학습하여 어떤 픽셀 조합이 특정 사물이나 풍경을 이루는지, 어떤 색상과 형태가 함께 나타나는지 등의 확률적 관계를 파악합니다. 그리고 이 확률 분포를 기반으로 새로운 데이터를 샘플링하여 생성합니다.

둘째는 '신경망 아키텍처'입니다. 생성형 AI는 주로 딥러닝을 기반으로 한 복잡한 신경망 모델을 사용합니다. 대표적인 모델로는 GAN(Generative Adversarial Networks, 생성적 적대 신경망)과 Transformer(트랜스포머) 기반의 확산 모델(Diffusion Models)이 있습니다. GAN은 '생성자(Generator)'와 '판별자(Discriminator)'라는 두 개의 신경망이 서로 경쟁하며 학습하는 구조입니다. 생성자는 실제와 유사한 가짜 데이터를 만들고, 판별자는 생성된 데이터가 진짜인지 가짜인지 구별하는 훈련을 합니다. 이 과정이 반복되면서 생성자는 점점 더 실제 같은 데이터를 만들게 되고, 판별자는 이를 더 정확하게 구별하는 능력을 키우게 됩니다. 확산 모델은 데이터에 노이즈를 점진적으로 추가하여 완전히 무작위 상태로 만든 다음, 이 노이즈를 제거하는 과정을 역으로 학습하여 원본 데이터를 복원하는 방식으로 새로운 데이터를 생성합니다. 이 과정에서 모델은 데이터의 복잡한 구조를 학습하고, 이를 통해 다양한 형태의 새로운 데이터를 만들어 낼 수 있습니다.

이러한 생성형 AI 모델들은 방대한 양의 데이터를 학습하며, 데이터 내에 숨겨진 복잡한 패턴과 관계를 파악합니다. 이를 통해 단순히 데이터를 복사하는 것이 아니라, 학습한 지식을 바탕으로 창의적이고 독창적인 결과물을 만들어 내는 것이 가능해집니다.

≫ 생성형 AI가 가능한 분야와 사례

생성형 AI는 그 잠재력만큼이나 다양한 분야에서 혁신적인 변화를 불러일으키고 있습니다. 주요 활용 분야와 사례는 다음과 같습니다.

1) 텍스트 생성

가장 널리 알려진 분야 중 하나로, 대규모 언어 모델(LLM)을 기반으로 합니다. 뉴스 기사, 소설, 시, 마케팅 문구, 이메일, 코드 등 다양한 종류의 텍스트를 생성할 수 있습니다. 예를 들어, ChatGPT와 같은 AI는 사용자의 질문에 답변하거나, 특정 주제에 대한 글을 작성하고, 심지어는 복잡한 프로그래밍 코드까지 생성할 수 있습니다.

2) 이미지 생성

텍스트 설명을 바탕으로 새로운 이미지를 만들어 내거나, 기존 이미지를 변형하고 스타일을 변경하는 데 사용됩니다. Midjourney, DALL-E, Stable Diffusion과 같은 도구들이 대표적입니다. 이들은 사용자가 입력한 텍스트 프롬프트에 따라 상상 속의 이미지를 현실처럼 구현하거나, 특정 화풍으로 그림을 그리거나, 사진을 애니메이션 스타일로 바꾸는 등 무궁무진한 창작 활동을 가능하게 합니다.

3) 오디오 생성

음악, 음성, 효과음 등 다양한 오디오 콘텐츠를 생성합니다. 텍스트를 음성으로 변환하는 TTS(Text-to-Speech) 기술은 물론, 특정 분위기의 배경 음악을 만들거나, 가수의 목소리를 모방하여 새로운 노래를 부르게 하는 등 음악 창작 및 음성 콘텐츠 제작에 활용됩니다. AI 보이스는 오디오북, 팟캐스트, 내레이션 등에서 이미 활발하게 사용되고 있습니다.

4) 비디오 생성

텍스트 설명이나 이미지, 오디오를 기반으로 짧은 영상 클립이나 애니메이션을 생성합니다. 아직은 이미지 생성에 비해 기술 발전 초기 단계에 있지만, 점차 고품질의 영상을 만들어 내는 방향으로 발전하고 있습니다. 텍스트 프롬프트로 장면을 묘사하면 AI가 그에 맞는 영상을 만들어 주거나, 정지된 이미지를 움직이는 영상으로 변환하고, 기존 영상에 특수 효과를 추가하는 등의 작업이 가능합니다. 이는 영화, 광고, 소셜 미디어 콘텐츠 제작에 혁신을 가져올 잠재력을 지니고 있습니다.

5) 코드 생성

개발자가 원하는 기능을 설명하면 AI가 해당 코드를 자동으로 생성하거나, 기존 코드의 오류를 수정하고 최적화하는 데 도움을 줍니다. GitHub Copilot과 같은 도구는 개발 생산성을 크게 향상시키고 있습니다.

6) 3D 모델 및 디자인 생성

건축, 제품 디자인, 게임 개발 등에서 필요한 3D 모델이나 디자인 시안을 생성합니다. 사용자의 요구사항을 바탕으로 다양한 디자인 옵션을 빠르게 제시하여 창작 과정을 가속화합니다.

이처럼 생성형 AI는 단순히 정보를 처리하는 것을 넘어, 인간의 창의적인 영역에 깊숙이 관여하며 새로운 형태의 콘텐츠와 서비스를 만들어 내고 있습니다. 이는 다양한 산업 분야에서 생산성 향상과 혁신을 이끄는 핵심 동력이 될 것입니다.

≫ 이미지·영상 생성에서의 AI 기술 개요

이미지 및 영상 생성 분야에서 AI 기술은 눈부신 발전을 이루고 있으며, 이는 크게 다음과 같은 기술적 접근 방식을 통해 구현됩니다.

1) GAN(Generative Adversarial Networks, 생성적 적대 신경망)

앞서 설명했듯이, GAN은 생성자와 판별자가 서로 경쟁하며 학습하는 구조입니다. 생성자는 실제와 같은 이미지를 만들고, 판별자는 생성된 이미지가 진짜인지 가짜인지 구별합니다. 이 과정을 통해 생성자는 점점 더 정교하고 사실적인 이미지를 만들어 낼 수 있게 됩니다. GAN은 주로 사실적인 인물 사진 생성, 스타일 변환(예: 사진을 그림처럼), 해상도 향상 등에 활용됩니다.

2) VAE(Variational Autoencoders, 변이형 오토인코더)

VAE는 입력 데이터를 압축하여 잠재 공간(Latent Space)이라는 저차원 벡터로 표현한 나음, 이 잠재 공간에서 새로운 데이터를 샘플링하여 원본과 유사한 데이터를 생성하는 방식입니다. VAE는 GAN에 비해 생성되는 이미지의 다양성이 높고 학습이 안정적이라는 장점이 있습니다. 주로 이미지 압축, 노이즈 제거, 새로운 이미지 생성 등에 사용됩니다.

3) Diffusion Models(확산 모델)

최근 이미지 및 영상 생성 분야에서 가장 주목받는 기술 중 하나입니다. 확산 모델은 이미지에 점진적으로 노이즈를 추가하여 완전히 무작위 상태로 만든 다음, 이 노이즈를 제거하는 과정을 역으로 학습하여 원본 이미지를 복원하는 방식으로 작동합니다. 이 과정에서 모델은 이미지의 복잡한 구조와 패턴을 학습하게 되며, 이를 통해 매우 사실적이고 고품질의 이미지를 생성할 수 있습니다. DALL-E, Stable Diffusion, Midjourney 등 현재 가장 성능이 뛰어난 이미지 생성 AI들이 이 확산 모델을 기반으로 합니다. 확산 모델은 텍스트 프롬프트로부터 이미지를 생성하는 텍스트-투-이미지(Text-to-Image) 기능에서 특히 강력한 성능을 보여줍니다.

4) Transformer(트랜스포머) 기반 모델

자연어 처리 분야에서 혁혁한 성과를 거둔 트랜스포머 아키텍처는 이미지 및 영상 생성에도 적용되고 있습니다. 특히 텍스트-투-이미지, 텍스트-투-비디오와 같이 텍스트와 시각 데이터를 연결하는 작업에서 강력한 성능을 발휘합니다. 트랜스포머는 입력 시퀀스의 요소들 간의 관계를 학습하여 장거리 의존성을 효과적으로 처리할 수 있어, 복잡한 프롬프트에 기반한 이미지나 영상 생성에 유리합니다.

이러한 기술들은 단독으로 사용되기도 하지만, 서로 결합되어 더욱 강력한 성능을 발휘하기도 합니다. 예를 들어, 확산 모델에 트랜스포머 아키텍처를 결합하여 텍스트 프롬프트의 의미를 더 정확하게 이해하고, 이를 시각적 결과물로 구현하는 방식이 대표적입니다.

이외에도 이미지의 특정 부분을 수정하거나, 스타일을 전이하거나, 해상도를 높이는 등 다양한 목적에 맞는 세부 기술들이 지속적으로 개발되고 있습니다.

영상 생성의 경우, 이미지 생성 기술을 기반으로 시간적 연속성을 추가하는 방식으로 발전하고 있습니다. 즉, 여러 장의 이미지를 연속적으로 생성하여 영상처럼 보이게 하거나, 기존 영상의 프레임 간 변화를 학습하여 새로운 프레임을 예측하고 생성하는 방식입니다. 아직은 이미지 생성에 비해 기술적 난이도가 높고 컴퓨팅 자원이 많이 필요하지만, 기술 발전 속도가 매우 빨라 가까운 미래에는 더욱 정교하고 긴 길이의 영상 생성이 가능해질 것으로 기대됩니다.

영상 제작 프로세스 개요

≫ 일반적인 영상 제작(기획-편집-완성)의 흐름

전통적인 영상 제작 과정은 크게 세 단계로 나눌 수 있습니다. 바로 '기획(Pre-production)', '제작(Production)', '후반 작업(Post-production)'입니다. 이 과정은 체계적이고 순차적으로 진행되며, 각 단계는 최종 영상의 품질을 결정하는 중요한 역할을 합니다.

1) 기획(Pre-production)

영상 제작의 첫 단추이자 가장 중요한 단계입니다. 이 단계에서는 영상의 목적, 대상 시청자, 핵심 메시지 등을 정의하고, 이를 바탕으로 아이디어를 구체화합니다. 주요 활동으로는 다음과 같은 것들이 있습니다.

① 아이디어 및 콘셉트 개발: 어떤 이야기를 전달할 것인지, 어떤 분위기와 스타일로 만들 것인지 결정합니다.

② 시나리오 및 스크립트 작성: 영상의 전체적인 흐름과 대사, 내레이션 등을 글로 작성합니다.

③ 콘티(Storyboard) 제작: 주요 장면을 그림으로 시각화하여 촬영 및 편집의 가이드 라인을 만듭니다. 카메라 구도, 인물 동선, 장면 전환 등을 미리 계획합니다.

④ 예산 수립 및 스케줄링: 제작에 필요한 예산을 편성하고, 촬영 및 후반 작업 일정을 계획합니다.

⑤ 장소 섭외, 배우 캐스팅, 스태프 구성: 촬영에 필요한 모든 인적, 물적 자원을 준비합니다.

2) 제작(Production)

기획 단계에서 수립한 계획을 바탕으로 실제 영상을 촬영하는 단계입니다. 감독, 촬영 감독, 조명 감독, 음향 감독 등 여러 스태프가 협력하여 최상의 결과물을 만들어 냅니다.

① 촬영: 콘티에 따라 영상을 촬영합니다. 다양한 구도와 앵글로 여러 테이크를 촬영하여 후반 작업에서 활용할 소스를 확보합니다.

② 조명 및 음향: 영상의 분위기를 결정하는 조명을 설치하고, 현장음과 대사를 선명하게 녹음합니다.

AI를 활용한 영상 제작 방식 비교

단계	전통적인 제작 방식	AI를 활용한 제작 방식	주요변화 및 장점
기획	• 아이디어 회의, 자료 조사 • 시나리오/스크립트 직접 작성 • 콘티 수작업 또는 전문툴 사용	• AI 기반 트랜드 분석 및 아이디어 제안 • 텍스트 프롬프트 입력 시, AI가 시나리오 초안 생성 • 텍스트 설명으로 콘티 이미지 자동 생성	• 기획 시간 단축 및 창의적 아이디어 확보 • 비전문가도 쉽게 시나리오 및 콘티 제작 가능
제작	• 실제 장소 섭외 및 촬영 • 배우, 스태프 등 인력 필요 • 고가의 촬영 장비 사용	• (대체)텍스트나 이미지로부터 영상 직접 생성 • (보조)AI 카메라를 활용한 자동 촬영 • 가상 배경, 디지털 휴먼 활용	• 촬영 과정의 생략 또는 최소화 • 시간, 공간, 비용 제약 극복 • 소규모 또는 1인 제작 환경 확대
후반 작업	• 수동 편집(컷 편집, 장면 선택) • 전문적인 색 보정 및 VFX 작업 • 사운드 디자인, 자막 수동 제작	• AI 기반 자동 편집(하이라이트 추출, 컷 편집) • 원클릭 자동 색 보정, 배경 제거, 객체 추적 • AI 음악 생성, 자동 음성 합성 및 자막 생성	• 편집 시간의 획기적인 단축 • 반복적이고 기술적인 작업의 자동화 • 전문기술 없이도 고품질 후반 작업 가능
완성	• 최종 렌더링 및 포맷 변환	• 클라우드 기반의 빠른 렌더링 • 소셜미디어 등 플랫폼별 최적화 영상 자동 생성	• 최종 결과물 도출 시간 단축 • 다양한 플랫폼에 맞는 콘텐츠 배포 용이

또한, '후반 작업의 자동화'는 AI 활용의 또 다른 핵심입니다. 과거에는 전문가의 기술과 경험에 의존했던 복잡한 편집, 색 보정, 특수 효과 작업들이 AI 도구를 통해 몇 번의 클릭만으로 가능해졌습니다. 이는 영상 제작의 진입 장벽을 크게 낮추어, 아이디어만 있다면 누구나 쉽게 영상을 만들 수 있는 시대를 열고 있습니다.

결론적으로, AI는 영상 제작 과정을 더 빠르고, 저렴하며, 쉽게 만들어 줍니다. 이를 통해 전문가는 창의적인 작업에 더욱 집중할 수 있게 되고, 비전문가는 아이디어를 현실로 구현할 새로운 기회를 얻게 됩니다. AI는 인간의 창의성을 대체하는 것이 아니라, 강력한 조력자로서 창작의 가능성을 무한히 확장시키는 역할을 할 것입니다.

AI 영상 제작 툴의 종류

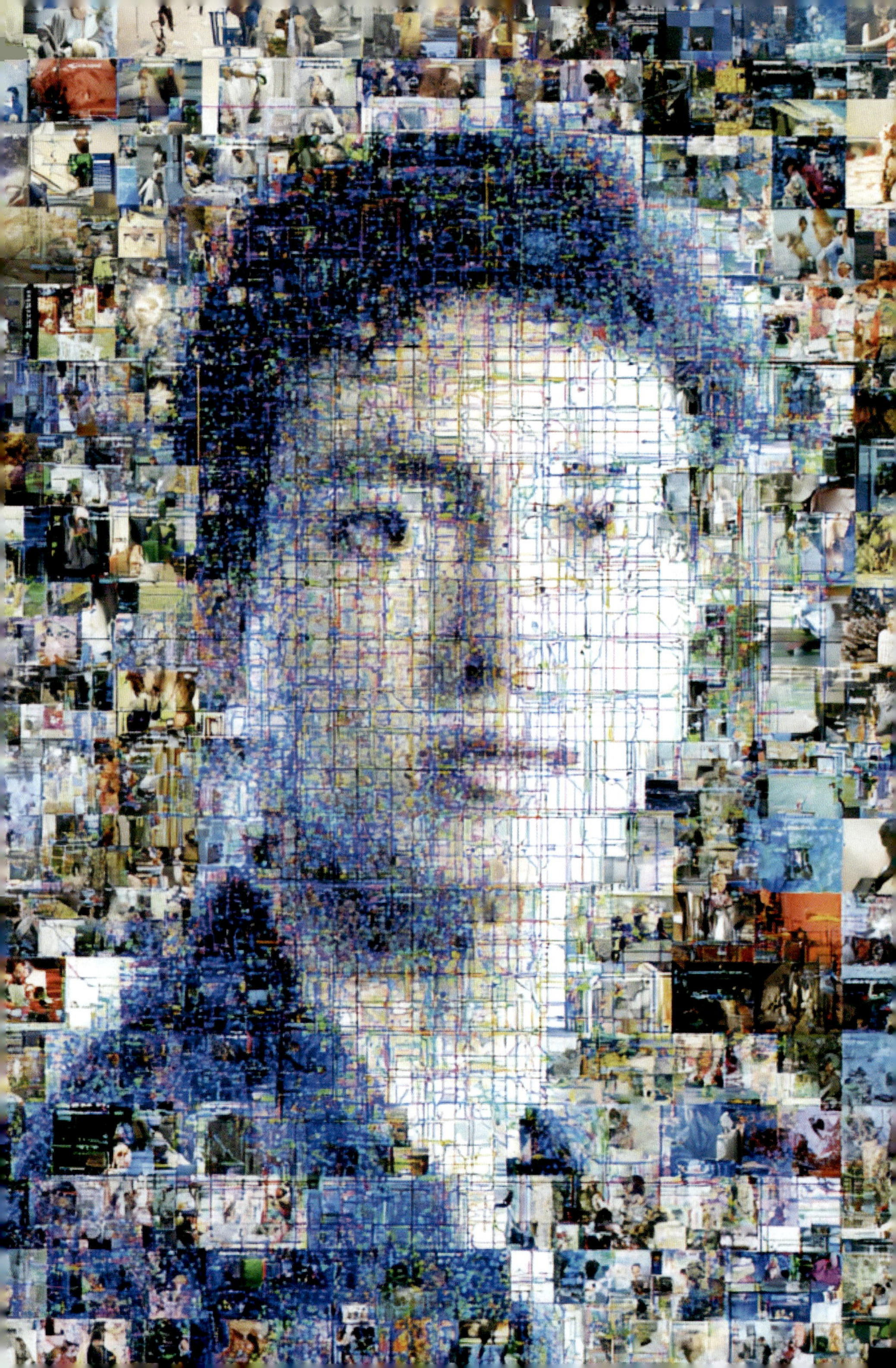

텍스트 기반 영상 생성 툴

» Pictory, Lumen5 등

AI 기술의 발전은 영상 제작의 문턱을 낮추고 다양한 형태의 창작을 가능하게 했습니다. 이제는 복잡한 편집 기술이나 고가의 장비 없이도 아이디어만 있다면 누구나 영상을 만들 수 있는 시대가 열렸습니다. 이러한 변화의 중심에는 다양한 기능을 제공하는 AI 영상 제작 툴이 있습니다. 이 장에서는 현재 시장에 나와있는 주요 AI 영상 제작 툴을 기능과 특징에 따라 분류하고, 각 툴이 어떤 원리로 작동하며 어떤 유형의 영상 제작에 적합한지 자세히 살펴보겠습니다.

텍스트 기반 영상 생성 툴은 사용자가 입력한 텍스트나 스크립트를 분석하여 자동으로 영상 콘텐츠를 만들어 주는 도구입니다. 이러한 툴은 주로 뉴스 요약, 블로그 게시물 전환, 마케팅 영상, 교육 콘텐츠 등 정보 전달 목적의 영상 제작에 유용하게 활용됩니다. 대표적인 예시로는 'Pictory'와 'Lumen5' 등이 있습니다.

≫ 입력(텍스트, 스크립트)에서 영상으로 전환되는 원리

텍스트 기반 영상 생성 툴의 핵심은 자연어 처리(Natural Language Processing, NLP) 기술과 방대한 미디어 라이브러리, 그리고 AI 기반의 영상 구성 알고리즘에 있습니다. 그 작동 원리는 다음과 같습니다.

1) 텍스트 분석 및 핵심 추출

사용자가 제공한 텍스트(기사, 블로그 글, 스크립트 등)를 AI가 분석합니다. 이 과정에서 AI는 텍스트의 의미를 이해하고, 핵심 키워드, 문장, 그리고 전체적인 문맥을 파악합니다. 각 문장이나 단락이 어떤 내용을 담고 있는지, 어떤 감정을 표현하는지 등을 식별합니다.

2) 장면 분할 및 시각적 요소 매칭

분석된 텍스트의 핵심 내용에 따라 영상을 여러 개의 장면(Scene)으로 자동 분할합니다. 예를 들어, 문단이 바뀔 때마다 새로운 장면으로 인식하거나, 특정 키워드가 등장할 때마다 새로운 시각적 요소를 배치할 필요가 있다고 판단합니다. 이후, 각 장면에 가장 적합한 시각적 요소(스톡 이미지, 비디오 클립, 아이콘 등)를 자체 라이브러리에서 찾아 매칭합니다. 이 매칭 과정은 AI가 텍스트의 의미를 시각적으로 가장 잘 표현할 수 있는 요소를 선택하도록 학습된 결과입니다.

3) 음성 내레이션 및 배경 음악 생성 및 선택

텍스트를 기반으로 AI 음성(Text-to-Speech, TTS)을 생성하여 내레이션을 입힙니다. 사용자는 다양한 음성 스타일과 언어를 선택할 수 있습니다. 또한, 영상의 분위기와 길이에 맞춰 적절한 배경 음악을 자동으로 추천하거나 생성하여 삽입합니다. 일부 툴은 사용자가 직접 음악을 업로드할 수도 있습니다.

4) 자막 및 텍스트 오버레이

텍스트 스크립트를 기반으로 자동으로 자막을 생성하고, 영상 내에 텍스트 오버레이(Text Overlay)를 추가하여 중요한 정보를 강조합니다. 폰트, 색상, 위치 등은 사용자가 커스터마이징 할 수 있습니다.

5) 영상 구성 및 편집

AI는 선택된 시각적 요소, 내레이션, 배경 음악, 자막 등을 조합하여 하나의 완성된 영상을 구성합니다. 이 과정에서 AI는 장면 전환 효과, 애니메이션, 타이밍 등을 자동으로 조절하여 자연스러운 영상 흐름을 만듭니다. 사용자는 AI가 제안한 초안을 바탕으로 원하는 대로 클립을 재배열하거나, 다른 시각적 요소를 선택하거나, 텍스트를 수정하는 등 세부적인 편집을 할 수 있습니다.

이러한 텍스트 기반 툴은 특히 영상 제작에 대한 전문 지식이 없거나, 빠르고 대량으로 영상을 생산해야 하는 경우에 매우 효과적입니다. 텍스트만으로도 고품질의 영상을 손쉽게 만들 수 있어 콘텐츠 마케터, 블로거, 교육자 등에게 큰 도움이 됩니다.

이미지·애니메이션 기반 영상 생성 툴

≫ D-ID, Kaiber 등

이미지·애니메이션 기반 영상 생성 툴은 정적인 이미지에 생동감을 불어넣어 움직이는 영상으로 만들어 주거나, 특정 스타일의 애니메이션 영상을 생성하는 데 특화된 도구입니다. 이러한 툴은 주로 인물 사진을 움직이게 하거나, 그림을 애니메이션으로 만들거나, 예술적인 영상 효과를 부여하는 데 사용됩니다. 대표적인 예시로는 'D-ID'와 'Kaiber' 등이 있습니다.

≫ 정적 이미지를 움직임 있는 영상으로 만드는 방식

이러한 툴은 주로 딥러닝 기반의 기술, 특히 GAN(생성적 적대 신경망)이나 확산 모델(Diffusion Models)을 활용하여 이미지에 움직임을 부여합니다. 그 작동 방식은 다음과 같습니다.

1) 얼굴 애니메이션(Face Animation)

'D-ID'와 같은 툴은 주로 인물의 얼굴 사진을 입력받아 마치 사람이 말하는 것처럼 입술을 움직이거나, 고개를 끄덕이거나, 눈을 깜빡이는 등의 자연스러운 표정과 움직임을 생성합니다. 이는 보통 다음과 같은 방식으로 이루어집니다.

① 3D 얼굴 모델링: 입력된 2D 이미지로부터 3D 얼굴 모델을 재구성합니다. 이 모델은 얼굴의 다양한 움직임을 표현할 수 있는 파라미터(예: 조이개, 턱, 눈꺼풀 등)를 가지고 있습니다.

② 오디오-비디오 동기화: 사용자가 제공한 음성 파일(또는 텍스트를 음성으로 변환한 AI 보이스)을 분석하여 음성의 특징(피치, 억양, 속도 등)과 입술 움직임, 표정 변화를 동기화합니다. AI는 수많은

실제 사람들의 말하는 영상을 학습하여 음성과 얼굴 움직임 간의
복잡한 관계를 파악합니다.

③ 표정 및 제스처 생성: 단순히 입술만 움직이는 것을 넘어, 음성의
감정이나 내용에 맞춰 자연스러운 눈 깜빡임, 고개 움직임, 미소 등
의 표정과 제스처를 생성하여 영상의 사실감을 높입니다.

2) 이미지-투-비디오(Image-to-Video) 변환

Kaiber와 같은 툴은 정적인 이미지를 입력받아 이를 기반으로 짧
은 영상 클립이나 애니메이션을 생성합니다. 이는 단순히 이미지를
확대·축소하거나 이동시키는 것을 넘어, 이미지 내의 요소들에 움직
임을 부여하거나, 이미지의 스타일을 변화시키면서 시간적 연속성을
만들어 냅니다.

① 스타일 전이 및 보간: 입력 이미지의 스타일을 특정 애니메이
션 스타일로 변환하거나, 여러 이미지 사이를 자연스럽게 보간
(Interpolation)하여 움직임을 만듭니다. 예를 들어, 그림 한 장을
입력하면 AI가 그 그림의 스타일을 유지하면서 마치 그림이 살아
움직이는 듯한 애니메이션을 생성합니다.

② 프롬프트 기반 애니메이션: 사용자가 텍스트 프롬프트로 원하는
움직임이나 분위기를 설명하면, AI가 이를 바탕으로 이미지에 동적
인 효과를 추가합니다. 예를 들어, '숲이 바람에 흔들리는 모습'이라
는 프롬프트를 입력하면, 정적인 숲 이미지에 바람에 흔들리는 나
뭇잎 효과를 추가하여 영상으로 만들어 줍니다.

❸ 3D 공간 이해 및 카메라 움직임: 일부 고급 툴은 2D 이미지로부터 3D 공간 정보를 추론하여 가상의 카메라 움직임(패닝, 줌인/아웃 등)을 적용함으로써 더욱 입체적이고 다이내믹한 영상을 생성하기도 합니다.

이러한 툴은 특히 인물 기반의 콘텐츠(가상 인플루언서, 교육용 아바타), 예술적인 뮤직비디오, 독특한 시각 효과가 필요한 짧은 영상 콘텐츠 제작에 매우 유용합니다. 정적인 이미지를 활용하여 새로운 스토리텔링을 가능하게 하며, 창작자에게 무한한 시각적 표현의 자유를 제공합니다.

실사 영상을 AI로 편집·합성하는 툴

≫ Runway ML 등

실사 영상을 AI로 편집·합성하는 툴은 실제 촬영된 영상 소스에 AI 기술을 적용하여 편집 효율을 높이고, 복잡한 후반 작업을 자동화하며, 전문가 수준의 시각 효과를 구현하는 데 사용됩니다. 이러한 툴은 주로 영화, 드라마, 광고, 유튜브 콘텐츠 등 실사 기반의 영상 제작 과정에서 혁신적인 변화를 가져오고 있습니다. 대표적인 예시로는 'Runway ML' 등이 있습니다.

≫ 배경 제거, 자동 색 보정, AI 합성·특수 효과

이러한 툴은 컴퓨터 비전(Computer Vision)과 딥러닝 기술을 기반으로 영상 내의 객체, 장면, 색상 등을 인식하고 분석하여 다양한 편집 및 합성 작업을 수행합니다.

1) 배경 제거(Background Removal) 및 로토스코핑(Rotoscoping)

전통적인 영상 제작에서 배경 제거는 그린 스크린(크로마키)을 사용하거나, 프레임별로 수동 로토스코핑 작업을 해야 하는 시간과 비용이 매우 많이 드는 작업이었습니다. AI 툴은 이러한 과정을 자동화합니다.

① AI 기반 객체 분리: AI는 영상 내의 인물이나 특정 객체를 자동으로 인식하고 배경과 분리해 냅니다. 복잡한 머리카락이나 움직이는 객체도 정교하게 분리할 수 있어, 그린 스크린 없이도 원하는 배경을 제거하거나 교체할 수 있습니다.

② 스마트 로토스코핑: AI가 영상 속 움직이는 객체의 윤곽선을 자동으로 추적하고 마스크를 생성하여, 수동 로토스코핑에 드는 엄청난 시간을 절약해 줍니다. 이는 특정 객체에만 효과를 적용하거나, 다른 영상과 합성할 때 매우 유용합니다.

2) 자동 색 보정(Automatic Color Correction/Grading)

영상의 색감은 분위기와 메시지 전달에 큰 영향을 미칩니다. AI 툴은 영상의 장면별 특성을 분석하여 최적의 색감을 자동으로 찾아주거나, 특정 스타일의 색감을 일괄적으로 적용해 줍니다.

① 장면 분석 기반 색 보정: AI는 영상의 각 장면을 분석하여 노출, 화이트 밸런스, 대비 등을 자동으로 조절합니다. 예를 들어, 어두운

장면은 밝게, 색이 바랜 장면은 생생하게 보정해 줍니다.

② 스타일 전이(Style Transfer): 사용자가 원하는 특정 영화나 이미지의 색감 스타일을 학습하여, 이를 다른 영상에 자동으로 적용할 수 있습니다. 이는 영상의 시각적 통일성을 유지하고 전문적인 색 보정 효과를 쉽게 구현할 수 있게 합니다.

3) AI 합성(AI Compositing) 및 특수 효과(Special Effects)

AI는 영상 내의 다양한 요소들을 자연스럽게 합성하고, 복잡한 특수 효과를 손쉽게 추가할 수 있도록 돕습니다.

① 객체 삽입 및 제거: 영상 내에 존재하지 않는 객체를 자연스럽게 삽입하거나, 불필요한 객체를 감쪽같이 제거할 수 있습니다. 이는 광고나 영화에서 특정 제품을 추가하거나, 촬영 중 실수로 찍힌 부분을 지울 때 유용합니다.

② 모션 트래킹(Motion Tracking): 영상 속 움직이는 객체를 AI가 자동으로 추적하여, 그 객체에 텍스트, 그래픽, 다른 영상 등을 자연스럽게 합성할 수 있습니다. 이는 자막을 인물과 함께 움직이게 하거나, 특정 객체에 시각 효과를 부여할 때 활용됩니다.

③ 스타일라이제이션(Stylization): 영상을 특정 예술 스타일(예: 고흐의 그림 스타일)로 변환하거나, 만화, 애니메이션, 유화 등 다양한 시각적 스타일을 적용할 수 있습니다. 이는 창의적인 영상 표현의 가능성을 확장합니다.

④ 인페인팅(Inpainting) 및 아웃페인팅(Outpainting): 영상의 손상된 부분을 AI가 자동으로 복원하거나(인페인팅), 영상의 프레임을 확장하여 더 넓은 시야를 만들어 낼 수 있습니다(아웃페인팅).

Runway ML과 같은 툴은 이러한 기능들을 웹 기반 인터페이스로 제공하여, 전문적인 소프트웨어 사용법을 익히지 않아도 누구나 쉽게 AI 기반의 영상 편집 및 합성을 할 수 있도록 돕습니다. 이는 영상 제작의 후반 작업 과정을 혁신적으로 단축시키고, 개인 크리에이터부터 전문 프로덕션까지 다양한 사용자들에게 새로운 창작의 기회를 제공합니다.

그 외에 활용 가능한 기타 툴(Tool)

앞서 살펴본 주요 AI 영상 제작 툴 외에도, 영상 제작의 특정 과정이나 요소에 특화되어 효율성을 극대화하는 다양한 AI 기반 도구들이 있습니다. 이들은 영상의 완성도를 높이거나, 제작 과정의 특정 병목 현상을 해결하는 데 큰 도움을 줍니다.

≫ 얼굴 합성·보정 AI

얼굴 합성 및 보정 AI는 영상 속 인물의 얼굴을 자연스럽게 수정하거나, 다른 얼굴로 교체하는 기술을 의미합니다. 이는 엔터테인먼트, 광고, 심지어는 보안 및 교육 분야에서도 활용될 수 있습니다.

1) 딥페이크(Deepfake)

GAN 기술을 기반으로 특정 인물의 얼굴을 다른 영상 속 인물의 얼굴에 합성하는 기술입니다. 매우 사실적인 결과물을 만들어 내지

만, 오용될 경우 심각한 윤리적, 사회적 문제를 야기할 수 있어 주의
가 필요합니다. 하지만 영화나 드라마에서 배우의 나이를 조절하거
나, 특정 장면에서 대역 배우의 얼굴을 주연 배우의 얼굴로 교체하는
등 긍정적인 활용 가능성도 있습니다.

2) 얼굴 보정 및 리터칭

영상 속 인물의 피부 톤을 보정하거나, 주름을 제거하고, 메이크업
효과를 추가하는 등 미용 목적의 보정 작업을 AI가 자동으로 수행합
니다. 이는 뷰티 콘텐츠나 인물 중심의 영상에서 후반 작업 시간을
크게 단축시켜 줍니다.

3) 표정 및 감정 조절

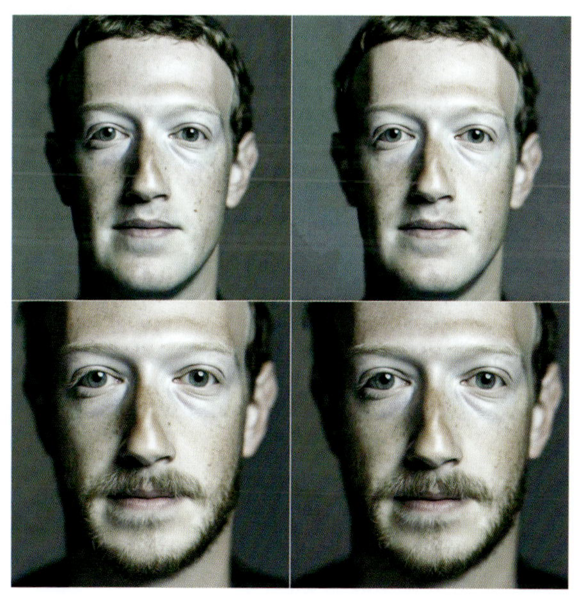

AI가 영상 속 인물의 표정을 분석하고, 원하는 감정(예: 미소, 놀람, 슬픔)으로 자연스럽게 변경하는 기술도 개발되고 있습니다. 이는 배우의 연기를 미세하게 조정하거나, 애니메이션 캐릭터의 감정 표현을 풍부하게 만드는 데 활용될 수 있습니다.

≫ 음성·자막 자동 생성 AI

음성 및 자막 자동 생성 AI는 영상 콘텐츠의 접근성을 높이고, 다국어 지원을 용이하게 하며, 제작 효율을 극대화하는 데 필수적인 도구입니다.

1) 음성 인식(Speech-to-Text, STT) 및 자동 자막 생성

영상 속 음성을 텍스트로 변환하여 자동으로 자막을 생성합니다. 이는 수동으로 자막을 만드는 데 드는 시간과 노력을 획기적으로 줄여줍니다. 유튜브, 넷플릭스 등 많은 플랫폼에서 이미 이 기술을 활용하고 있습니다. AI는 화자 분리, 배경 소음 제거, 억양 및 사투리 인식 등 고도화된 기능을 제공하여 정확도를 높이고 있습니다.

2) 텍스트 음성 변환(Text-to-Speech, TTS) 및 AI 보이스

텍스트를 입력하면 사람의 목소리처럼 자연스러운 음성으로 변환해 줍니다. 다양한 언어, 성별, 연령대의 목소리를 선택할 수 있으며, 감정 표현까지 가능한 AI 보이스도 등장하고 있습니다. 이는 내레이션, 오디오북, 가상 비서 등 다양한 분야에서 활용되며, 영상 제작에서는 성우 없이도 고품질의 내레이션을 추가할 수 있게 합니다.

3) 자동 번역 및 다국어 자막·더빙

AI는 생성된 자막이나 음성을 다른 언어로 자동 번역하여 다국어 자막을 제공하거나, AI 보이스를 통해 자동 더빙을 가능하게 합니다. 이는 글로벌 시청자를 대상으로 하는 콘텐츠 제작에 매우 중요한 역할을 합니다.

» 미래에 기대되는 신기술 소개

AI 영상 제작 기술은 현재도 빠르게 발전하고 있으며, 가까운 미래에는 더욱 놀라운 기술들이 등장할 것으로 예상됩니다.

1) 실시간 영상 생성 및 편집

현재는 영상 생성 및 편집에 다소 시간이 소요되지만, 미래에는 실시간으로 텍스트나 음성 명령에 따라 영상을 생성하고 편집하는 것이 가능해질 것입니다. 이는 라이브 스트리밍, 인터랙티브 콘텐츠, 가상현실(VR) 환경 등에서 혁명적인 변화를 가져올 것입니다.

2) 장편 영상 및 영화 제작

현재 AI는 주로 짧은 클립이나 특정 효과 생성에 강점을 보이지만, 점차 긴 호흡의 스토리텔링이 가능한 장편 영상이나 영화 전체를 AI가 기획하고 제작하는 수준으로 발전할 수 있습니다. AI가 시나리오를 쓰고, 캐릭터를 디자인하며, 장면을 연출하고, 배우의 연기까지 지도하는 시대가 올 수도 있습니다.

3) 개인 맞춤형 영상 콘텐츠

시청자의 선호도, 감정 상태, 시청 환경 등을 실시간으로 분석하여 개인에게 최적화된 맞춤형 영상을 자동으로 생성하고 제공하는 기술이 발전할 것입니다. 이는 교육, 광고, 엔터테인먼트 등 모든 분야에서 콘텐츠 소비 방식을 근본적으로 변화시킬 잠재력을 지니고 있습니다.

4) AI 기반 가상 프로덕션

실제 촬영 없이 가상 스튜디오에서 AI가 모든 배경, 소품, 심지어 배우의 움직임까지 제어하여 영상을 제작하는 가상 프로덕션 기술이 더욱 고도화될 것입니다. 이는 제작 비용을 절감하고, 물리적 제약 없이 상상하는 모든 것을 영상으로 구현할 수 있게 합니다.

이처럼 AI 영상 제작 툴은 단순히 기술적인 도구를 넘어, 창작의 경계를 허물고 새로운 형태의 미디어 경험을 제공하는 핵심 동력이 될 것입니다. 이러한 기술의 발전은 영상 제작의 자유도를 극대화하고, 더 많은 사람들이 자신의 아이디어를 영상으로 표현할 수 있는 기회를 제공할 것입니다.

시작하기: 쉬운 AI 영상 제작 실습

AI 영상 제작은 더 이상 전문가만의 영역이 아닙니다. 이 장에서는 AI 영상 제작을 시작하는 데 필요한 기본적인 준비물과 워크플로우를 알아보고, 실제로 첫 번째 AI 영상을 만들어 보는 실습 과정을 통해 AI 영상 제작의 감을 익히는 데 도움을 드리고자 합니다. 구체적인 예시와 단계별 설명을 통해 누구나 쉽게 따라 할 수 있도록 안내하겠습니다.

기본 준비물과 워크플로우

AI 영상 제작을 시작하기 전에 몇 가지 기본적인 준비가 필요합니다. 이는 마치 요리를 시작하기 전에 재료와 도구를 준비하는 것과 같습니다. 적절한 준비는 원활한 제작 과정과 만족스러운 결과물을 위한 필수적인 단계입니다.

≫ PC 사양, 인터넷 환경, 계정 가입

AI 영상 제작 툴은 대부분 클라우드 기반으로 작동하므로, 고사양의 PC가 필수는 아니지만, 원활한 작업을 위해서는 기본적인 환경이 갖춰져야 합니다.

1) PC 사양

대부분의 AI 영상 제작 툴은 웹 브라우저를 통해 접근하므로, 최신 웹 브라우저(Chrome, Edge 등)가 원활하게 작동하는 수준의 PC라면

충분합니다. 램(RAM)은 최소 8GB 이상, CPU는 i5급 이상을 권장합니다. 특히, 텍스트-투-비디오(Text-to-Video)와 같이 복잡한 AI 모델을 사용하는 툴의 경우, 영상 미리보기나 렌더링 과정에서 PC의 성능이 좋을수록 작업 속도가 빨라질 수 있습니다. 하지만 대부분의 무거운 연산은 클라우드 서버에서 처리하므로, 일반적인 사무용 PC로도 충분히 시작할 수 있습니다.

2) 인터넷 환경

AI 영상 제작 툴은 클라우드 서버와 데이터를 주고받으며 작동하기 때문에 안정적이고 빠른 인터넷 연결이 필수적입니다. 영상 소스를 업로드하거나, AI가 생성한 결과물을 다운로드할 때 대용량 데이터 전송이 발생하므로, 유선 인터넷이나 최소 100Mbps 이상의 무선 인터넷 환경을 권장합니다. 모바일 핫스팟이나 불안정한 Wi-Fi 환경에서는 작업이 지연되거나 오류가 발생할 수 있습니다.

3) 계정 가입

대부분의 AI 영상 제작 툴은 서비스를 이용하기 위해 계정 가입이 필요합니다. 구글, 페이스북 계정 연동을 지원하는 경우가 많아 간편하게 가입할 수 있습니다. 무료 체험 기간이나 무료 플랜을 제공하는 툴이 많으므로, 처음에는 무료로 여러 툴을 사용하면서 자신에게 맞는 툴을 찾아보는 것이 좋습니다. 유료 플랜으로 전환하기 전에는 반드시 각 툴의 요금 정책, 기능 제한, 워터마크 유무 등을 꼼꼼히 확인해야 합니다.

Pictory.AI 가입: Pictory.AI 웹사이트에 접속하여 'Get Started Free' 버튼을 클릭합니다. 구글 계정으로 간편하게 가입하거나 이메일 주소로 회원 가입을 진행합니다. 가입 후에는 대시보드에서 새로운 프로젝트를 시작할 수 있습니다.

≫ AI 영상 제작 시 필요한 재료 (텍스트, 이미지, 음성 등)

AI 영상 제작은 기존의 영상 제작처럼 카메라와 마이크가 필수는 아니지만, AI가 영상을 생성하는 데 필요한 '재료'는 필요합니다. 이

재료들은 AI의 입력값으로 사용되며, 어떤 재료를 제공하느냐에 따라 생성되는 영상의 종류와 품질이 달라집니다.

1) 텍스트(스크립트)

가장 기본적인 재료이자 핵심입니다. 텍스트 기반 영상 생성 툴의 경우, 사용자가 제공하는 스크립트나 글이 영상의 내용과 흐름을 결정합니다. 명확하고 구체적인 스크립트는 AI가 의도에 맞는 영상을 생성하는 데 결정적인 역할을 합니다. 예를 들어, '오늘의 날씨는 맑고 기온은 25도입니다'라는 텍스트는 AI에게 맑은 하늘과 태양, 그리고 온도계를 연상시키는 이미지를 찾도록 지시하는 것과 같습니다.

활용 예시

뉴스 요약, 블로그 글 영상화, 마케팅 문구, 교육 콘텐츠 스크립트 등

2) 이미지

정적인 이미지를 움직이는 영상으로 만들거나, 영상의 특정 장면에 삽입할 시각적 요소로 사용됩니다. 고품질의 이미지는 영상의 시각적 완성도를 높이는 데 기여합니다. AI 이미지 생성 툴을 통해 직접 이미지를 만들 수도 있고, 무료 스톡 이미지 사이트(Unsplash, Pixabay 등)나 유료 스톡 이미지 사이트(셔터스톡, 게티이미지 등)에서 저작권 문제가 없는 이미지를 활용할 수 있습니다.

인물 사진을 말하는 아바타로 변환, 제품 이미지에 애니메이션 효과 추가, 배경 이미지로 사용 등

3) 음성(내레이션, 배경 음악)

영상의 메시지를 전달하고 분위기를 조성하는 데 중요한 역할을 합니다. AI 툴은 텍스트를 음성으로 변환하는 기능을 제공하지만, 직접 녹음한 음성 파일이나 저작권 문제가 없는 배경 음악을 사용할 수도 있습니다. AI 보이스의 경우, 다양한 언어와 목소리 톤을 선택할 수 있어 영상의 목적에 맞는 내레이션을 쉽게 추가할 수 있습니다.

AI 보이스로 뉴스 내레이션 생성, 직접 녹음한 제품 설명 음성 삽입, 저작권 프리 배경 음악 추가 등

4) 기존 영상 클립

실사 영상을 AI로 편집하거나 합성하는 툴의 경우, 원본 영상 클립이 주요 재료가 됩니다. AI는 이 영상 클립을 분석하여 배경을 제거하거나, 색 보정을 하거나, 특정 객체를 추적하여 효과를 입히는 등의 작업을 수행합니다.

촬영된 인터뷰 영상의 배경 제거, 여행 영상의 자동 색 보정, 제품 홍보 영상에 AI 특수 효과 추가 등

이러한 재료들을 미리 준비해 두면 AI 영상 제작 툴을 훨씬 효율적으로 활용할 수 있습니다. 특히 텍스트 스크립트는 영상의 뼈대가 되므로, 명확하고 간결하게 작성하는 것이 중요합니다. 다음 섹션에서는 이러한 재료들을 활용하여 실제로 첫 번째 AI 영상을 만들어 보는 과정을 단계별로 살펴보겠습니다.

첫 번째
AI 영상 만들기

이제 기본적인 준비가 끝났으니, 실제로 AI 영상 제작 툴을 사용하여 첫 번째 영상을 만들어 보겠습니다. 여기서는 텍스트 스크립트를 기반으로 영상을 생성하는 과정을 예시로 들어 설명합니다. 다양한 툴이 있지만, 개념은 유사하므로 이 과정을 이해하면 다른 툴에도 쉽게 적용할 수 있을 것입니다.

≫ 텍스트 스크립트를 사용해 간단한 영상 제작하기

이 예시에서는 가상의 AI 영상 제작 툴인 '비디오메이커 AI'를 사용한다고 가정하고, 간단한 제품 소개 영상을 만드는 과정을 단계별로 설명합니다. 실제 툴마다 인터페이스나 용어는 다를 수 있지만, 핵심적인 흐름은 동일합니다.

> 목표 영상: 30초 내외의 '친환경 텀블러' 소개 영상
> 핵심 메시지: 환경 보호와 편리함을 동시에 잡은 텀블러

1) 스크립트 준비

가장 먼저 영상의 내용을 담을 텍스트 스크립트를 준비합니다. 간결하고 명확한 문장으로 구성하는 것이 중요합니다. 각 문장이 하나의 장면이나 핵심 메시지를 담도록 작성하면 AI가 시각적 요소를 매칭하기 용이합니다.

[장면 1] 친환경 텀블러, 지구를 지키는 작은 실천!

[장면 2] 재활용 플라스틱으로 만들어 환경 부담을 줄였습니다.

[장면 3] 뛰어난 보온·보냉력으로 하루 종일 음료를 신선하게!

[장면 4] 가볍고 튼튼한 디자인, 휴대성까지 완벽합니다.

[장면 5] 지금 바로 친환경 텀블러로 지속 가능한 라이프스타일을 시작하세요!

2) AI 영상 제작 툴 접속 및 프로젝트 생성

준비된 스크립트를 가지고 AI 영상 제작 툴에 접속합니다. 대부분의 툴은 로그인 후 '새 프로젝트 생성' 또는 'Create New Video'와 같은 버튼을 통해 시작합니다.

❶ 툴 접속: 비디오메이커 AI 웹사이트에 접속하여 로그인합니다.

❷ 프로젝트 유형 선택: '텍스트-투-비디오(Text-to-Video)' 또는 '스크립트에서 영상 만들기'와 같은 옵션을 선택합니다.

❸ 스크립트 입력: 준비된 스크립트를 복사하여 툴의 텍스트 입력창에 붙여넣습니다. 이때, 각 문장이나 단락을 명확히 구분할 수 있도록 엔터(Enter) 키로 줄 바꿈을 해주는 것이 좋습니다. 일부 툴은 문장별로 자동으로 장면을 분할하는 기능을 제공합니다.

3) 시각적 요소 및 음성 설정

스크립트를 입력하면 AI가 이를 분석하여 각 장면에 어울리는 시각적 요소(스톡 비디오, 이미지)와 음성(내레이션, 배경 음악)을 자동으로 제안합니다.

❶ 장면별 시각 요소 확인 및 변경: AI가 제안한 장면별 비디오 클립이나 이미지를 확인합니다. 만약 AI가 선택한 시각 요소가 스크립트 내용과 잘 맞지 않거나, 더 적절한 이미지가 있다고 판단되면 직접 변경할 수 있습니다. 툴 내의 검색 기능을 활용하여 '텀블러', '환경 보호', '보온병' 등 키워드로 검색하여 원하는 이미지를 찾습니다.

[예시] 장면 1에 AI가 일반적인 지구 이미지를 제안했다면, '지구를 지키는 텀블러'라는 메시지를 더 잘 전달할 수 있는 '텀블러를 들고 있는 사람과 지구' 이미지를 검색하여 교체합니다.

❷ 내레이션 설정: 스크립트를 기반으로 AI 보이스가 자동으로 생성됩니다. 다양한 언어와 목소리(성별, 연령대, 톤) 중에서 영상의 분위기에 맞는 것을 선택합니다. 미리 들어보고 자연스러운지 확인합니다. 필요하다면 각 문장의 속도나 강조점을 조절할 수도 있습니다.

[예시] '친환경 텀블러'의 특징을 명확하게 전달하기 위해 또렷하고 신뢰감 있는 여성 AI 보이스를 선택합니다.

❸ 배경 음악 선택: 영상의 길이에 맞춰 배경 음악을 선택합니다. 툴에서 제공하는 저작권 프리 음악 라이브러리에서 영상의 주제(친환경, 편리함)와 어울리는 밝고 경쾌한 음악을 선택합니다. 음악의 볼륨을 내레이션과 조화롭게 조절합니다.

4) 영상 미리보기 및 생성

모든 설정이 완료되면 영상을 미리보기하여 전체적인 흐름과 시각적, 청각적 요소의 조화를 확인합니다. 수정할 부분이 없다면 최종 영상 생성을 진행합니다.

❶ 미리보기(Preview): '미리보기' 버튼을 클릭하여 AI가 생성한 영상 초안을 확인합니다. 각 장면의 전환이 자연스러운지, 내레이션과 영상이 잘 맞는지, 배경 음악의 볼륨은 적절한지 등을 꼼꼼히 살펴봅니다.

❷ 영상 생성(Generate/Export): 미리보기 후 만족스럽다면 '생성' 또는 'Export' 버튼을 클릭하여 최종 영상을 만듭니다. 영상의 해상도(예: 1080p, 720p)와 파일 형식(MP4 등)을 선택할 수 있습니다. 최종 영상이 생성되는 데는 짧으면 몇 분, 길면 수십 분이 소요될 수도 있습니다.

≫ 출력된 결과물 분석 및 오류 수정 방법

AI가 생성한 영상은 완벽하지 않을 수 있습니다. 예상과 다른 결과가 나오거나, 어색한 부분이 있을 수 있습니다. 이때는 당황하지 않고, 문제점을 분석하여 수정하는 과정이 필요합니다. AI 영상 제작은

AI가 초안을 만들고 인간이 이를 다듬는 협업 과정임을 기억해야 합니다.

1) 내용과 시각적 요소의 불일치

스크립트의 내용과 AI가 매칭한 시각적 요소가 어울리지 않는 경우가 가장 흔합니다.

① 문제점: '재활용 플라스틱'이라는 스크립트에 AI가 일반적인 플라스틱 쓰레기 이미지를 매칭하여 부정적인 느낌을 줄 수 있습니다.

② 수정 방법: 해당 장면의 시각 요소를 '재활용 마크가 있는 제품'이나 '새로운 제품으로 재탄생한 플라스틱'과 같은 긍정적인 이미지를 검색하여 직접 교체합니다. 또는 스크립트를 '재활용된 플라스틱으로 만든 지속 가능한 텀블러'와 같이 더 구체적으로 수정하여 AI가 올바른 이미지를 찾도록 유도합니다.

2) 내레이션의 어색함 또는 부자연스러움

AI 보이스가 문맥에 맞지 않게 발음하거나, 감정이 부족하게 느껴질 수 있습니다.

① 문제점: '하루 종일 음료를 신선하게!'라는 문장에서 '신선하게'를 너무 딱딱하게 발음하여 강조가 부족합니다.

② 수정 방법: 해당 문장의 AI 보이스 설정을 변경하여 다른 목소리 톤을 선택하거나, 문장 끝에 느낌표를 추가하여 AI가 더 강조된 톤으

로 발음하도록 유도합니다 일부 툴은 특정 단어의 발음 속도나 높
낮이를 조절하는 기능을 제공하기도 합니다.

3) 영상 길이 및 타이밍 문제

특정 장면이 너무 길거나 짧아서 영상의 흐름이 끊기거나 어색하
게 느껴질 수 있습니다.

① 문제점: [장면 5]의 스크립트가 짧은데 AI가 긴 비디오 클립을 매칭
하여 영상이 늘어지는 느낌을 줍니다.

② 수정 방법: 해당 장면의 비디오 클립 길이를 수동으로 줄이거나, 더
짧은 길이의 다른 클립으로 교체합니다. 또는 스크립트에 내용을
추가하여 장면 길이를 늘릴 수도 있습니다.

4) 자막 오류 또는 디자인 문제

자동 생성된 자막에 오타가 있거나, 자막의 위치나 크기가 영상과
어울리지 않을 수 있습니다.

① 문제점: 자막에 오타가 있거나, 배경색과 자막의 색이 겹쳐서 잘 보
이지 않습니다.

② 수정 방법: 자막 편집 기능을 통해 오타를 직접 수정하고, 자막의
폰트, 크기, 색상, 배경색 등을 조절하여 가독성을 높입니다. 자막
이 너무 많다면 핵심 내용만 요약하여 표시하는 것도 방법입니다.

1) 영상 제작 목적은 무엇인가요?

① 개인 학습 및 취미: AI 영상 제작 기술을 배우고 싶거나, 개인 소장 용으로 간단한 영상을 만들고 싶다면 무료 플랜이나 무료 체험 기간을 제공하는 툴을 우선적으로 사용해 보세요. 워터마크가 있더라도 기능 학습에는 전혀 문제가 없습니다.

② 유튜브, 블로그 등 비상업적 콘텐츠: 초기에는 무료 플랜으로 시작하되, 워터마크가 없는 고품질 영상이 필요하다면 저렴한 유료 플랜으로 업그레이드하는 것을 고려할 수 있습니다. 예를 들어, CapCut이나 Veed.io의 유료 플랜은 비교적 합리적인 가격으로 워터마크 제거 및 추가 기능을 제공합니다.

③ 마케팅, 광고, 교육 등 상업적 콘텐츠: 반드시 유료 플랜을 사용해야 합니다. 상업적 이용이 가능한 라이선스를 제공하는지, 워터마크가 없는지, 고화질 출력이 가능한지 등을 꼼꼼히 확인해야 합니다. Runway ML, Pictory.AI, Lumen5 등은 상업적 용도로 많이 활용되는 툴입니다.

2) 어떤 유형의 영상을 만들고 싶으신가요?

① 텍스트 기반의 정보 전달 영상: 뉴스, 블로그 요약, 강의 영상 등 텍스트가 주가 되는 영상이라면 Pictory AI, Lumen5와 같이 텍스트-투-비디오 기능이 강력한 툴이 적합합니다.

② 이미지나 인물을 활용한 애니메이션 영상: 정적인 이미지를 움

직이게 하거나, 가상 인물을 활용한 영상을 만들고 싶다면 D-ID, Kaiber와 같은 툴이 좋습니다.

③ 실사 영상 편집 및 특수 효과: 기존에 촬영된 영상에 AI 기반의 편집이나 특수 효과를 적용하고 싶다면 Runway ML과 같이 컴퓨터 비전 기술이 뛰어난 툴을 선택해야 합니다.

3) 예산은 어느 정도인가요?

① 예산이 제한적이라면: 무료 플랜을 최대한 활용하고, 필요한 경우에만 가장 저렴한 유료 플랜으로 업그레이드하는 전략을 사용합니다. 여러 툴의 무료 체험 기간을 활용하여 자신에게 가장 효율적인 툴을 찾는 것도 좋은 방법입니다.

② 전문적인 결과물이 필요하다면: 월별 또는 연간 구독료를 지불하고 유료 플랜을 사용하는 것이 장기적으로 더 효율적입니다. 기능 제한 없이 고품질의 영상을 빠르게 만들 수 있어 시간과 노력을 절약할 수 있습니다.

처음에는 여러 무료 툴을 사용하면서 각 툴의 장단점과 자신의 작업 스타일에 맞는 툴을 파악해 보는 것이 중요합니다. 이후 특정 툴의 유료 플랜으로 전환하기 전에, 해당 툴의 커뮤니티나 사용자 리뷰를 참고하여 실제 사용자들이 어떤 만족도를 보이는지 확인하는 것도 도움이 됩니다. 또한, AI 기술은 빠르게 발전하므로, 선택한 툴이 지속적으로 업데이트되고 새로운 기능을 추가하는지 여부도 고려해야 합니다.

단계	무료 AI 서비스	유료 AI 서비스
장점	• 초기 비용 부담 없음 • 다양한 툴을 경험하며 학습 가능 • 간단한 개인 프로젝트에 적합	• 워터마크 없음, 고화질 영상 출력 • 더 많은 기능과 고급옵션 제공 • 대용량 저장 공간 및 빠른 렌더링 • 상업적 이용 가능(라이선스 확인 필요) • 기술지원 및 업데이트 우선 제공
단점	• 워터마크 포함(대부분) • 기능 제한(짧은 영상 길이, 적은 스톡 소스) • 낮은 해상도 또는 품질 제한 • 상업적 이용 불가(라이선스 확인 필요) • 렌더링 속도 느림, 대기시간 발생 • 기술지원 미흡	• 월별 또는 연간 구독료 발생 • 초기 비용 부담이 있을 수 있음
주요 활용 목적	• AI 영상 제작 학습 및 연습 • 개인 소장용 짧은 영상 • 비상업적 목적의 콘텐츠 제작	• 전문적인 마케팅/홍보 영상 • 유튜브, 강의 등 상업적 콘텐츠 • 고품질의 시각적 효과가 필요한 프로젝트 • 대량의 영상 콘텐츠 제작
예시툴	• CapCut(일부 기능 무료) • Veed.io(무료 플랜) • Invideo(무료 플랜) • D-ID(무료 체험)	• Pictory.ai(유료 플랜) • Lumen5(유료 플랜) • Runway ML(유료 플랜) • Midjourney(유료 구독)

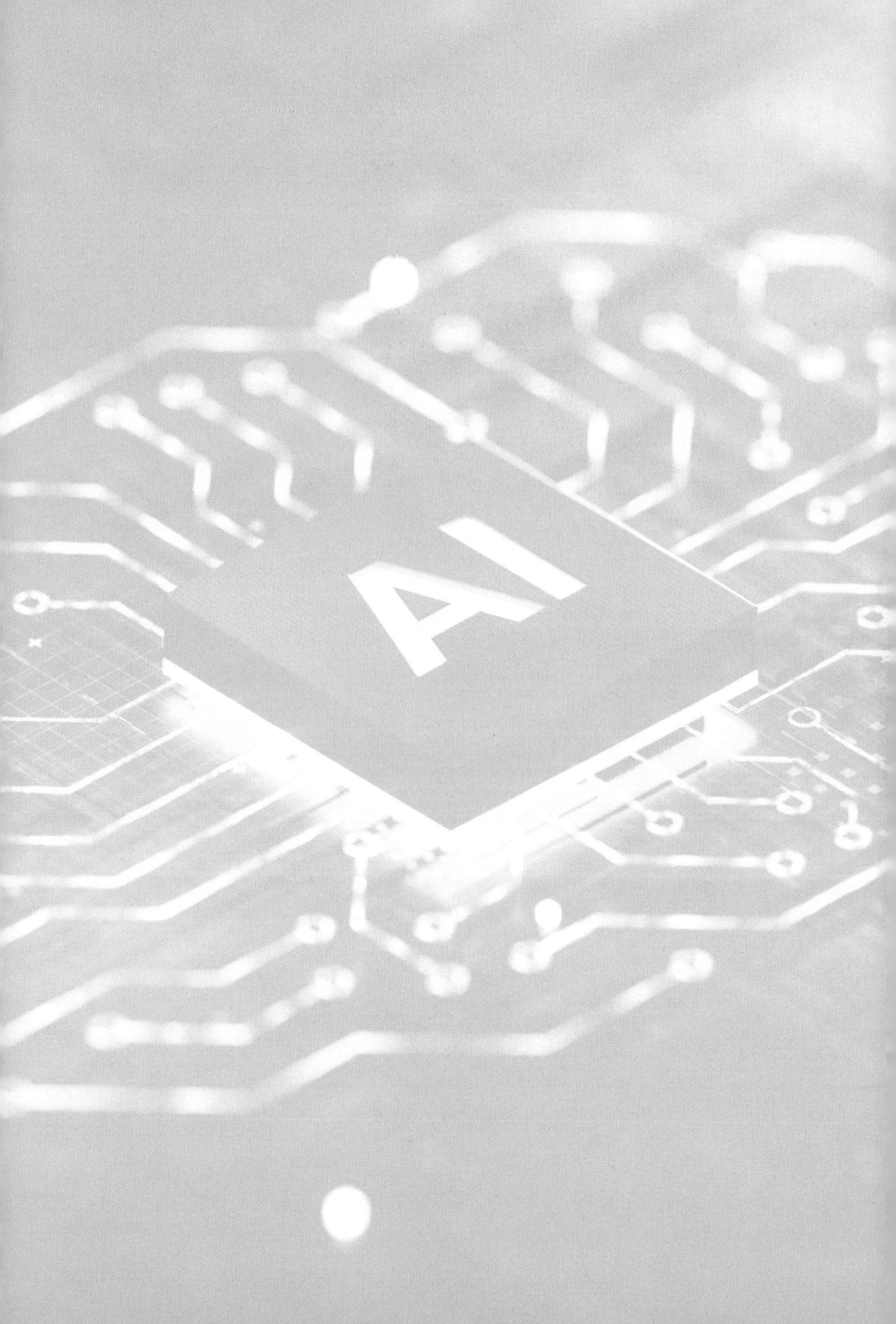

AI

고퀄리티 영상 제작 노하우

AI 영상 제작 툴은 누구나 쉽게 영상을 만들 수 있도록 돕지만, 단순히 툴의 기능을 활용하는 것을 넘어 고품질의 영상을 만들기 위해서는 몇 가지 노하우가 필요합니다. 이 장에서는 AI의 잠재력을 최대한 끌어내어 전문적인 수준의 영상을 제작하는 방법을 구체적인 예시와 실제 사례를 통해 설명합니다.

시나리오와 콘티 작성하기

AI 영상 제작에서 시나리오와 콘티는 영상의 뼈대이자 나침반 역할을 합니다. AI는 사용자가 제공하는 텍스트와 지시를 기반으로 영상을 생성하기 때문에, 명확하고 구체적인 시나리오와 콘티는 AI가 의도에 맞는 고품질의 영상을 만들도록 유도하는 핵심 요소입니다.

≫ AI가 참조할 스크립트 기획

AI 영상 제작에서 스크립트는 단순한 대본을 넘어, AI가 영상을 구성하는 데 필요한 모든 정보를 담고 있어야 합니다. 즉, AI가 이해할 수 있는 언어로 영상의 내용, 분위기, 시각적 요소를 명확하게 지시하는 것이 중요합니다.

1) 구체적인 묘사와 지시

추상적인 표현보다는 AI가 시각화하기 쉬운 구체적인 묘사를 사용합니다. 예를 들어, '아름다운 풍경'보다는 '석양이 지는 알프스 산맥의 전경'과 같이 구체적으로 표현합니다.

① 나쁜 예시: 행복한 가족이 나들이 가는 영상
② 좋은 예시: 따스한 햇볕 아래, 푸른 잔디밭에서 웃으며 나들이를 즐기는 4인 가족. 아이들은 연을 날리고 있고, 부부는 서로를 바라보며 미소 짓는다.

2) 장면 전환 및 시간 명시

각 장면의 시작과 끝을 명확히 하고, 필요한 경우 시간 흐름을 지시합니다. 이는 AI가 영상의 길이를 조절하고 장면 전환을 자연스럽게 만드는 데 도움을 줍니다.

  [장면 1] (0:00-0:05) 고요한 새벽, 도시의 빌딩 숲 위로 해가 떠오른다. (타임랩스 효과)
[장면 2] (0:05-0:15) 활기찬 출근길, 바쁘게 움직이는 사람들. (빠른 편집)
[장면 3] (0:15-0:30) 사무실에서 집중하여 일하는 직장인. (클로즈업, 잔잔한 분위기)

3) 감정과 분위기 전달

AI에게 영상의 전반적인 감정이나 분위기를 전달하는 키워드를 포함합니다. 이는 AI가 적절한 색감, 음악, 표정 등을 선택하는 데 영향을 줍니다.

  희망찬 미래를 향해 나아가는 사람들의 모습. (밝고 긍정적인 분위기, 경쾌한 음악)

4) AI 프롬프트 최적화

사용하는 AI 툴의 프롬프트 작성 가이드를 참고하여 스크립트를 최적화합니다. 일부 툴은 특정 키워드나 구문이 AI의 생성 결과에 더 큰 영향을 미치도록 설계되어 있습니다.

  Midjourney 프롬프트 예시

일반적인 스크립트: 숲 속의 요정
Midjourney 최적화 프롬프트: "A whimsical fairy in an enchanted forest, glowing with bioluminescent light, surrounded by ancient trees and mystical creatures, highly detailed, fantasy art, volumetric lighting, 8k --ar 16:9"

숲 속의 요정이라는 단순한 지시 대신, 요정의 특징, 주변 환경, 빛의 효과, 예술 스타일, 해상도, 화면 비율 등 구체적인 프롬프트를 통해 AI가 훨씬 풍부하고 의도에 맞는 이미지를 생성하도록 유도합니다.

≫ 영상의 흐름, 구도 잡기

AI 영상 제작에서도 전통적인 영상 제작의 콘티 개념을 적용하여 영상의 흐름과 구도를 미리 계획하는 것이 중요합니다. 이는 AI가 생성할 영상의 시각적 완성도를 높이고, 메시지를 효과적으로 전달하는 데 기여합니다.

1) 스토리보드 또는 콘티 활용

간단한 그림과 함께 각 장면의 주요 내용, 구도, 카메라 움직임, 필요한 시각적 요소 등을 시각적으로 계획합니다. AI 툴에 직접 그림을 그릴 수는 없지만, 콘티를 통해 AI에게 어떤 장면을 원하는지 명확하게 전달할 수 있습니다.

예시 | **간단한 콘티**

장면 1: [그림: 텅 빈 교실, 칠판에 '미래'라는 글자]

내용: 과거의 교육 방식에 대한 질문을 던진다.

구도: 넓은 앵글로 교실 전체를 보여줌.

- AI 지시: 빈 교실, 낡은 칠판, 미래라는 글자, 쓸쓸한 분위기

장면 2: [그림: 태블릿을 들고 웃는 아이들]

내용: AI 교육의 밝은 미래를 제시한다.

구도: 아이들의 얼굴 클로즈업, 밝은 조명.

- AI 지시: 태블릿으로 학습하는 아이들, 밝은 미소, 혁신적인 분위기

2) 샷(Shot)의 다양성 계획

풀 샷(Full Shot), 미디엄 샷(Medium Shot), 클로즈업(Close-up) 등 다양한 샷을 계획하여 영상에 리듬감을 부여하고 시청자의 시선을 유도합니다. AI 툴에 직접 샷을 지시할 수는 없지만, 스크립트나 프롬프트에 샷의 종류를 명시하여 AI가 유사한 구도를 생성하도록 유도할 수 있습니다.

예시 | 주인공의 얼굴 클로즈업, 눈물을 흘리는 모습. 또는 광활한 대자연의 풀 샷, 드론으로 촬영한 듯한 시점.

3) 카메라 움직임 고려

패닝(Panning), 틸팅(Tilting), 줌인/아웃(Zoom In/Out), 트래킹 (Tracking) 등 카메라 움직임을 미리 구상하여 영상에 동적인 요소를 추가합니다. 일부 AI 툴은 프롬프트를 통해 카메라 움직임을 지시할 수 있습니다.

예시 **Runway ML Gen-2 프롬프트 예시**

"A futuristic city at night, neon lights, flying cars. (Camera slowly pans from left to right, revealing more of the city)"

미래 도시의 야경을 묘사하면서, 카메라가 왼쪽에서 오른쪽으로 천천히 패닝하며 도시의 더 많은 부분을 보여주도록 지시합니다.

4) 레퍼런스 영상 활용

만들고자 하는 영상과 유사한 분위기나 스타일의 레퍼런스 영상을 참고하여 AI에게 더 명확한 방향을 제시합니다. AI 툴에 직접 레퍼런스 영상을 업로드하여 스타일을 학습시키는 기능도 있습니다.

 Kaiber.ai 스타일 전이

사용자가 특정 애니메이션 영화의 스틸컷을 레퍼런스 이미지로 제공하고, "이 스타일로 내 사진을 애니메이션 영상으로 만들어 줘"라고 지시하면, Kaiber는 해당 스타일을 학습하여 사용자의 사진을 애니메이션화된 영상으로 변환합니다. 이는 AI가 단순히 이미지를 움직이는 것을 넘어, 특정 예술적 스타일을 영상에 적용할 수 있음을 보여줍니다.

시나리오와 콘티는 AI 영상 제작의 성공을 좌우하는 중요한 단계입니다. AI가 아무리 뛰어나더라도 명확한 지시 없이는 사용자의 의도를 완벽하게 구현하기 어렵습니다. 따라서 충분한 시간을 들여 스크립트와 콘티를 기획하고, AI가 이해하기 쉬운 형태로 다듬는 노력이 필요합니다.

시각·음향 요소 최적화

AI가 생성한 영상의 퀄리티를 높이려면 단순히 AI 툴의 성능에만 의존해서는 안 됩니다. AI가 제공하는 결과물을 바탕으로 시각적, 청각적 요소를 섬세하게 다듬고 최적화하는 과정이 필요합니다. 이는 영상의 메시지를 더욱 효과적으로 전달하고 시청자의 몰입도를 높이는 데 결정적인 역할을 합니다.

≫ AI가 생성한 이미지·영상 퀄리티 높이는 팁

AI가 생성한 이미지나 영상은 때때로 부자연스럽거나, 의도와 다른 결과물을 내놓을 수 있습니다. 이를 보정하고 퀄리티를 높이는 몇 가지 팁을 소개합니다.

1) 프롬프트의 정교화

AI 생성물의 퀄리티는 프롬프트의 디테일에 비례합니다. 원하는 시각적 요소를 최대한 구체적으로 묘사하고, 스타일, 분위기, 색감, 구도 등을 명확히 지시해야 합니다.

① 나쁜 예시: 행복한 강아지

② 좋은 예시: 햇살 가득한 공원에서 뛰어노는 골든 리트리버 강아지, 활짝 웃는 표정, 역동적인 움직임, 따뜻한 색감, 보케 효과, DSLR 사진

 Stable Diffusion 프롬프트 예시

단순히 '자동차'를 생성하는 것이 아니라, "A sleek, futuristic electric car, parked on a neon-lit city street at night, cyberpunk aesthetic, highly reflective surfaces, rain puddles, cinematic lighting, 8k, ultra realistic"와 같이 세부적인 묘사를 추가하여 훨씬 고품질의 이미지를 얻을 수 있습니다. 이는 영상 내 삽입될 이미지나 배경 영상의 퀄리티를 높이는 데 직접적으로 기여합니다.

2) AI 업스케일링 및 보정 툴 활용

AI 툴 자체에서 제공하는 업스케일링 기능을 활용하거나, 별도의 AI 이미지 및 영상 보정 툴을 사용하여 해상도를 높이고 노이즈를 제거하며 디테일을 살릴 수 있습니다.

예시 AI 툴에서 생성된 이미지가 저해상도이거나 약간의 노이즈가 있다면, Topaz Gigapixel AI, Remini, 또는 Photoshop의 AI 기반 업스케일링 기능을 사용하여 화질을 개선합니다. 영상의 경우, DaVinci Resolve나 Premiere Pro의 노이즈 제거 플러그인과 같은 전통적인 편집 툴의 기능을 활용하여 AI 생성 영상의 단점을 보완할 수 있습니다.

3) 일관된 스타일 유지

여러 장면에서 AI가 생성한 이미지나 영상의 스타일, 색감, 조명 등이 일관성을 유지하도록 신경 써야 합니다. 이는 영상의 전체적인 통일성을 높여 전문적인 느낌을 줍니다.

각 장면을 생성할 때 동일한 프롬프트 구조나 스타일 키워드를 반복적으로 사용하고, 필요한 경우 색 보정 툴을 사용하여 전체 영상의 색감을 통일시킵니다.

4) AI 생성물과 실제 소스의 조화

AI가 생성한 영상과 실제 촬영한 영상, 또는 스톡 소스를 함께 사용할 경우, 이질감이 느껴지지 않도록 자연스럽게 합성하고 색감을 조절하는 것이 중요합니다.

AI로 생성한 가상 배경에 실제 인물이 연기하는 영상을 합성할 때, 인물의 조명과 배경의 조명을 일치시키고, 색온도와 채도를 조절하여 마치 한 공간에서 촬영된 것처럼 보이도록 후반 작업을 진행합니다. Runway ML과 같은 툴은 이러한 합성 작업을 AI 기반으로 지원하여 이질감을 줄이는 데 도움을 줍니다.

≫ 음성 및 음악 삽입, 자동 자막 생성 활용

시각적 요소만큼이나 중요한 것이 청각적 요소입니다. 적절한 음성, 배경 음악, 그리고 정확한 자막은 영상의 메시지 전달력을 극대화하고 시청 경험을 풍부하게 만듭니다.

1) AI 음성(TTS)의 자연스러움 극대화

AI 보이스는 빠르게 발전하고 있지만, 여전히 부자연스러운 부분이 있을 수 있습니다. 이를 최소화하기 위한 노하우가 필요합니다.

① 발음 및 억양 조절: AI 툴에서 제공하는 발음 교정 기능이나 억양 조절 옵션을 적극 활용합니다. 특정 단어가 어색하게 들린다면, 해당 단어의 발음을 직접 수정하거나, 유사한 의미의 다른 단어로 대

체하여 자연스러움을 높입니다.

② 감정 표현 추가: AI 보이스에 감정(행복, 슬픔, 분노 등)을 지정할 수 있는 툴이라면, 스크립트의 내용에 맞춰 적절한 감정을 부여합니다. 예를 들어, '놀라운 소식입니다!'라는 문장에는 '기쁨' 감정을 추가하여 AI가 더 생동감 있게 발음하도록 합니다.

③ 속도 및 일시 정지 조절: 문장과 문장 사이, 또는 중요한 단어 앞에서 적절한 일시 정지(Pause)를 추가하여 사람이 말하는 것과 같은 자연스러운 리듬감을 만듭니다. 너무 빠르거나 느리지 않게 전체적인 속도를 조절합니다.

2) 배경 음악의 현명한 선택과 믹싱

배경 음악은 영상의 분위기를 좌우하는 핵심 요소입니다. AI 툴에서 제공하는 음악 라이브러리를 활용하거나, 외부에서 저작권 문제가 없는 음악을 찾아 사용합니다.

① 영상 분위기와 일치: 영상의 주제와 분위기에 맞는 음악을 선택합니다. 밝고 경쾌한 영상에는 팝이나 어쿠스틱 음악을, 진지하고 감동적인 영상에는 클래식이나 앰비언트 음악을 고려합니다.

② 볼륨 조절: 내레이션이나 대사가 있는 영상에서는 배경 음악의 볼륨을 낮춰 대사가 명확하게 들리도록 합니다. 음악이 시작되고 끝나는 부분은 페이드인/아웃 효과를 주어 자연스럽게 연결합니다.

③ 유튜브 크리에이터의 음악 활용: 많은 유튜브 크리에이터들은 Epidemic Sound, Artlist와 같은 유료 음악 구독 서비스를 통해 다

양한 장르의 고품질 배경 음악을 사용합니다. 이들은 AI 영상 제작 툴에서 생성된 영상에 이러한 전문적인 음악을 추가하여 영상의 완성도를 높이고, 저작권에 대한 걱정 없이 상업적으로 활용합니다. AI 툴에서 제공하는 기본 음악 외에도, 영상의 개성을 살릴 수 있는 음악을 적절히 활용하는 것이 고퀄리티 영상 제작의 핵심 노하우입니다.

3) 자동 자막 생성 및 편집

AI 기반의 자동 자막 생성 기능은 영상 제작 시간을 획기적으로 단축시켜 줍니다. 하지만 생성된 자막을 반드시 검토하고 수정하는 과정이 필요합니다.

① 정확성 검토: AI가 음성을 텍스트로 변환하는 과정에서 오타나 오역이 발생할 수 있습니다. 특히 전문용어나 고유명사는 오류가 잦으므로 꼼꼼히 확인하고 수정합니다.

② 가독성 최적화: 자막의 폰트, 크기, 색상, 배경색, 위치 등을 영상의 시각적 요소와 조화롭게 조절하여 가독성을 높입니다. 너무 많은 텍스트가 한 번에 표시되지 않도록 적절히 분할하고, 중요한 내용은 강조합니다.

③ 다국어 자막 활용: 글로벌 시청자를 대상으로 한다면, AI 번역 기능을 활용하여 다국어 자막을 추가합니다. 이때 번역의 정확성을 원어민 검수 등을 통해 한 번 더 확인하는 것이 좋습니다.

이처럼 시각적, 청각적 요소를 세심하게 다듬는 과정은 AI가 만든 영상에 인간적인 감성과 전문성을 더하여, 단순한 정보 전달을 넘어 시청자에게 깊은 인상을 남기는 고품질 영상으로 거듭나게 합니다.

영상 편집 툴과의 연계

AI 영상 제작 툴은 영상 제작의 초기 단계와 특정 작업을 자동화하는 데 탁월하지만, 여전히 전문적인 영상 편집 툴(NLE: Non-Linear Editing)이 제공하는 섬세한 제어와 고급 기능을 대체하기는 어렵습니다. 따라서 AI가 생성한 영상을 전통적인 편집 툴과 연계하여 사용하면 훨씬 더 높은 퀄리티와 창의적인 결과물을 얻을 수 있습니다. 이는 AI의 효율성과 인간의 전문성을 결합하는 가장 효과적인 방법입니다.

» Premiere, After Effects 등 전통 편집 프로그램과 함께 사용하기

AI가 생성한 영상은 전통적인 편집 프로그램의 '재료'가 될 수 있습니다. AI가 만든 초안이나 특정 클립을 가져와 Premiere Pro, After Effects, DaVinci Resolve, Final Cut Pro 등에서 후반 작업을 진행하는 방식입니다.

1) AI 생성 영상 불러오기

AI 툴에서 최종 렌더링된 영상 파일(MP4, MOV 등)을 전통 편집 프로그램으로 불러옵니다. 대부분의 AI 툴은 표준 영상 포맷으로 내보내기를 지원합니다.

> **예시** Pictory.AI에서 생성한 뉴스 요약 영상을 MP4 파일로 다운로드한 후, Adobe Premiere Pro의 프로젝트 패널로 드래그하여 가져옵니다.

2) 타임라인에 배치 및 재구성

AI가 생성한 영상 클립들을 타임라인에 배치하고, 필요한 경우 순서를 바꾸거나 길이를 조절하여 전체적인 영상의 흐름을 재구성합니다. AI가 자동으로 생성한 장면 전환이 마음에 들지 않는다면, 수동으로 제거하고 새로운 전환 효과를 적용할 수 있습니다.

> **실제 사례**

AI가 생성한 여행 브이로그 영상에서 특정 장면의 길이가 너무 길거나 짧다면, Premiere Pro에서 해당 클립을 잘라내거나 늘려 영상의 호흡을 조절합니다. 또한, AI가 적용한 기본적인 장면 전환 대신, 더욱 부드럽거나 역동적인 전환 효과(예: 디졸브, 와이프, 모션 그래픽 전환)를 직접 추가하여 영상의 완성도를 높입니다.

3) 추가 소스 삽입

AI가 생성하지 못한 부분이나, 더 풍부한 내용을 담기 위해 직접 촬영한 영상, 추가 스톡 영상, 그래픽, 애니메이션 등을 삽입합니다. 이는 AI 생성 영상의 한계를 보완하고, 영상에 개성을 더하는 중요한 과정입니다.

예시 AI가 생성한 제품 소개 영상에 실제 제품을 사용하는 모습을 직접 촬영한 클립을 삽입하여 현실감을 높입니다. 또는 제품의 특징을 강조하는 인포그래픽이나 모션 그래픽을 After Effects에서 제작하여 영상 중간에 배치합니다.

4) 오디오 믹싱 및 마스터링

AI가 생성한 내레이션과 배경 음악 외에, 추가적인 음향 효과(SFX)를 삽입하거나, 전체적인 오디오 밸런스를 조절하여 청각적 퀄리티를 높입니다. 전문적인 오디오 편집 툴(예: Adobe Audition)을 활용하면 더욱 정교한 사운드 디자인이 가능합니다.

AI가 생성한 다큐멘터리 영상에 새소리, 바람 소리, 발자국 소리 등 환경음을 추가하여 현장감을 살립니다. 내레이션과 배경 음악의 볼륨 레벨을 조절하여 서로 방해하지 않도록 하고, 전체적인 음량을 마스터링하여 송출 기준에 맞춥니다.

≫ AI 생성 영상 보정 및 후작업 기법

AI가 생성한 영상은 때때로 색감, 노이즈, 디테일 등에서 아쉬운 부분이 있을 수 있습니다. 전통적인 편집 프로그램의 강력한 보정 및 후작업 기능을 활용하여 이러한 단점을 보완하고, 영상의 시각적 매력을 극대화할 수 있습니다.

1) 색 보정(Color Correction 및 Grading)

영상의 전반적인 색감을 조절하여 통일성을 부여하고, 원하는 분위기를 연출합니다. AI가 생성한 영상의 색감이 다소 밋밋하거나 부자연스럽다면, 이 과정을 통해 전문가 수준의 영상미를 구현할 수 있습니다.

AI가 생성한 판타지 영상의 색감이 현실적이라면, DaVinci Resolve의 색 보정 기능을 사용하여 채도를 높이고, 특정 색조를 강조하여 몽환적이고 비현실적인 분위기를 연출합니다. 또한, 여러 AI 생성 클립 간의 색감 차이를 보정하여 영상의 통일성을 확보합니다.

유튜브의 인기 브이로거들은 AI로 생성한 인트로/아웃트로 영상이나 특정 효과 클립을 사용할 때, 자신들의 메인 영상과 동일한 색 보정 프리셋을 적용하여 전체 채널의 시각적 아이덴티티를 유지합니다. 이는 AI 생성 영상이 메인 콘텐츠와 이질감 없이 어우러지도록 하는 중요한 후작업입니다.

2) 노이즈 제거 및 샤프닝

AI 생성 영상에서 간혹 발견되는 노이즈를 제거하고, 영상의 선명도를 높여 디테일을 살립니다. 특히 저해상도로 생성된 영상을 업스케일링 했을 때 발생하는 계단 현상이나 블러 현상을 완화하는 데 유용합니다.

After Effects의 'Remove Grain' 효과나 Premiere Pro의 'Median' 효과를 사용하여 AI 생성 영상의 미세한 노이즈를 제거합니다. 이후 'Unsharp Mask'나 'Sharpen' 효과를 적절히 적용하여 영상의 윤곽을 또렷하게 만듭니다.

3) 시각 효과(VFX) 및 모션 그래픽 추가

AI가 생성하기 어려운 복잡한 시각 효과나, 영상의 메시지를 시각적으로 강조하는 모션 그래픽을 추가합니다. 이는 영상의 전문성과 시청자의 흥미를 동시에 높일 수 있습니다.

영화 제작에서 AI는 특정 배경이나 객체를 생성하는 데 활용될 수 있지만, 폭발 장면, 마법 효과, 복잡한 캐릭터 애니메이션 등은 여전히 After Effects나 Nuke와 같은 전문 VFX 툴에서 정교하게 작업합니다. 예를 들어, AI로 생성된 미래 도시 배경에 날아다니는 우주선이나 에너지 파동 효과를 After Effects에서 추가하여 영상의 스케일을 확장합니다.

4) 크로마키(Chroma Key) 및 로토스코핑 보완

AI 툴이 자동으로 배경을 제거해 주긴 하지만, 완벽하지 않은 경우가 있습니다. 이때 전통적인 편집 툴에서 수동으로 크로마키를 보정하거나, 로토스코핑 작업을 통해 더욱 정교하게 객체를 분리할 수 있습니다.

Runway ML에서 배경을 제거한 인물 영상에 미세하게 남아있는 배경 잔여물을 Premiere Pro의 'Ultra Key' 효과로 추가 보정하거나, After Effects에서 펜 툴을 사용하여 인물의 윤곽선을 따라 로토스코핑 마스크를 정교하게 그립니다.

AI 영상 제작과 전통적인 영상 편집 툴의 연계는 마치 AI가 초벌 그림을 그리고, 인간 아티스트가 그 위에 섬세한 붓질을 더하는 것과 같습니다. AI의 속도와 효율성에 인간의 창의성과 전문성을 더함으로써, 단순한 AI 생성물을 넘어 예술적 가치와 상업적 성공을 모두 잡을 수 있는 고품질 영상을 만들어 낼 수 있습니다. 이는 미래 영상 제작의 표준적인 워크플로우가 될 것입니다.

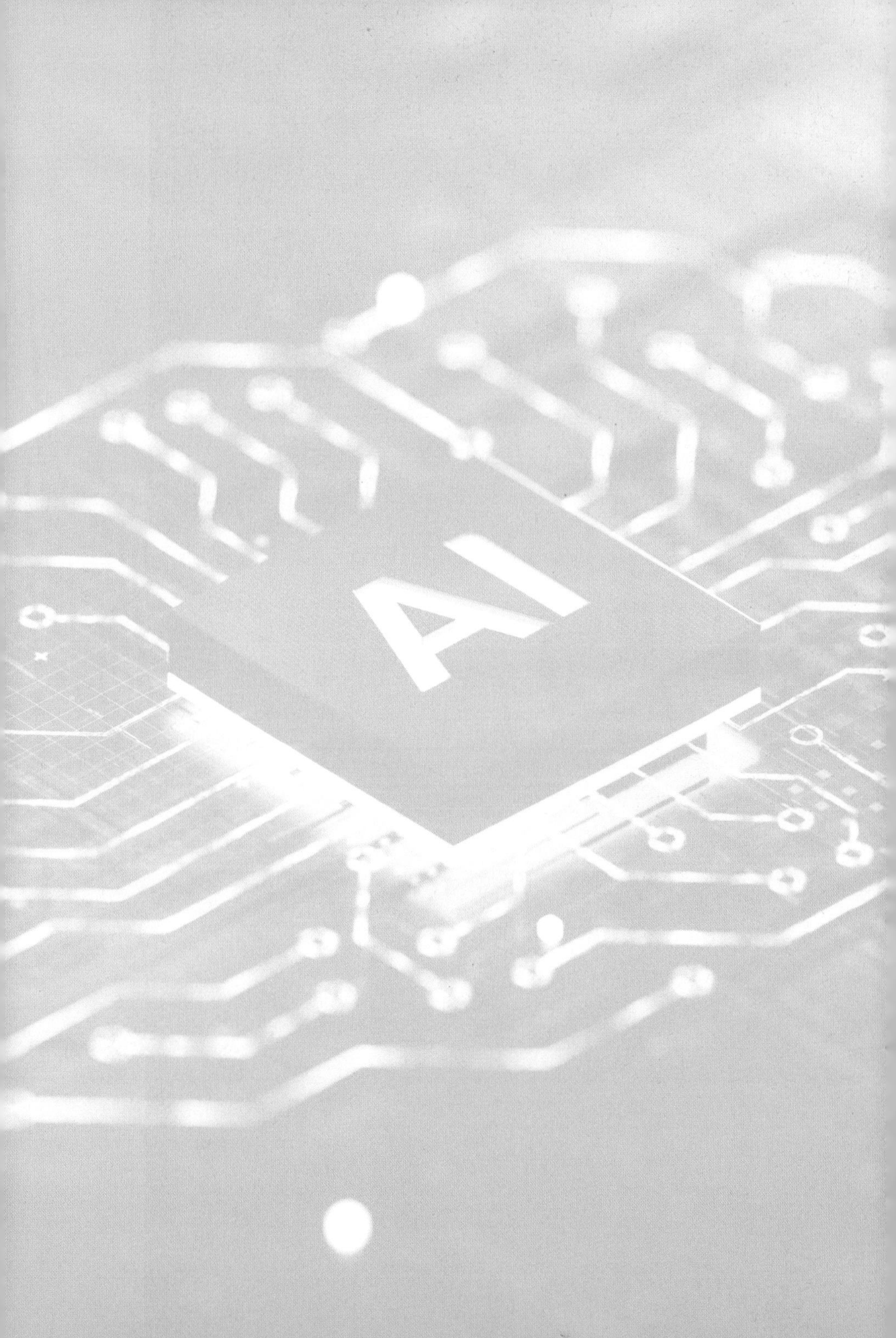

5장

다양한 AI 영상 제작 사례

AI 영상 제작 기술은 특정 분야에 국한되지 않고, 광고, 교육, 엔터테인먼트 등 다양한 산업과 개인 창작 영역에서 혁신적인 변화를 가져오고 있습니다. 이 장에서는 AI 영상 제작이 실제로 어떻게 활용되고 있는지 구체적인 사례들을 통해 살펴보고, 각 분야에서 AI가 제공하는 가치와 가능성을 탐구합니다. 실제 기업의 캠페인부터 개인 크리에이터의 성공 사례까지, AI 영상 제작의 폭넓은 활용 스펙트럼을 보여드리겠습니다.

홍보·마케팅 영상

　기업의 제품이나 서비스를 홍보하고 브랜드 이미지를 강화하는데 있어 영상 콘텐츠는 필수적인 요소가 되었습니다. AI 영상 제작 툴은 빠르고 효율적으로 고품질의 마케팅 영상을 제작할 수 있게 하여, 기업들이 변화하는 시장 환경에 유연하게 대응하고 소비자들에게 더욱 매력적으로 다가갈 수 있도록 돕습니다.

≫ 짧은 광고, 제품 소개 영상 등에 활용

　AI는 특히 짧은 형식의 광고나 제품 소개 영상 제작에 강점을 가지고 있습니다. 복잡한 촬영이나 편집 과정 없이도 아이디어만 있다면 몇 분 안에 전문적인 수준의 영상을 만들 수 있기 때문입니다.

1) 텍스트 기반 광고 영상

　텍스트 기반 AI 영상 툴(예: Pictory, Lumen5)을 활용하면 보도자료,

블로그 게시물, 제품 설명서 등 기존의 텍스트 콘텐츠를 몇 분 만에 영상으로 변환할 수 있습니다. 이는 특히 뉴스레터, 소셜 미디어 광고, 웹사이트 랜딩 페이지 등에 삽입될 짧은 설명 영상을 만드는 데 유용합니다.

> **예시** 한 스타트업이 새로운 모바일 앱을 출시하면서, 앱의 주요 기능을 설명하는 텍스트를 Pictory.AI에 입력했습니다. AI는 텍스트를 분석하여 각 기능에 맞는 스톡 영상과 이미지를 자동으로 매칭하고, AI 보이스 내레이션과 배경 음악을 추가하여 1분짜리 제품 소개 영상을 완성했습니다. 이 영상은 앱 스토어와 소셜 미디어에 배포되어 초기 사용자 유입에 기여했습니다.

2) 이미지 기반 제품 홍보 영상

정적인 제품 이미지를 활용하여 동적인 홍보 영상을 만드는 데 AI가 사용됩니다. 특히 HeyGen과 같은 AI 아바타 생성 툴은 제품 리뷰나 사용법 설명 영상에 가상 호스트를 등장시켜 전문성을 더할 수 있습니다.

> **예시** 한 뷰티 브랜드가 신제품 파운데이션을 홍보하기 위해 HeyGen의 AI 아바타를 활용했습니다. 제품 사진과 함께 아바타가 파운데이션의 특징(커버력, 지속력 등)을 설명하는 스크립트를 입력하자, AI 아바타가 자연스러운 표정과 제스처로 제품을 소개하는 영상이 생성되었습니다. 이를 통해 실제 모델 섭외 및 촬영 비용을 절감하면서도 높은 퀄리티의 홍보 효과를 얻을 수 있게 되었습니다.

> **참고** HeyGen 제품 리뷰 영상 사례
> https://www.heygen.com/ko-kr/use-cases/product-reviews

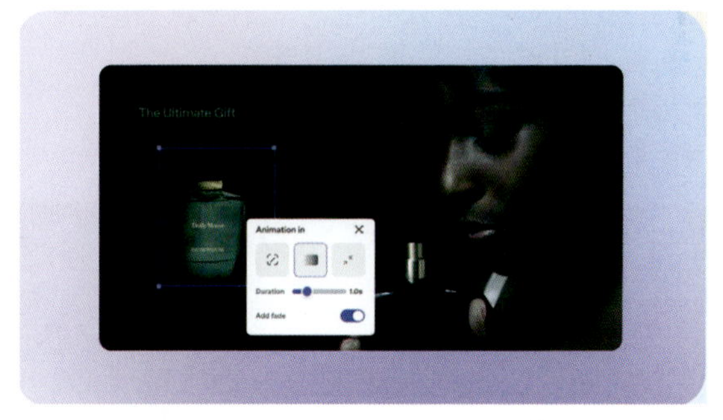

≫ 브랜드 이미지 강화 사례

AI는 단순히 영상을 만드는 것을 넘어, 브랜드의 독특한 이미지를 구축하고 소비자들에게 깊은 인상을 남기는 데도 활용됩니다. 특히 창의적인 AI 생성 기술은 기존에는 상상하기 어려웠던 시각적 경험을 제공하며 브랜드 메시지를 더욱 강력하게 전달합니다.

1) 코카콜라의 'Masterpiece' 캠페인

코카콜라는 AI 기술을 활용하여 예술과 브랜드의 만남을 시도한 Masterpiece 캠페인을 선보였습니다. 이 광고는 유명 명화 속 인물들이 코카콜라 병을 찾아다니는 이야기를 담고 있습니다. AI는 명화의 스타일을 학습하고, 그 안에 코카콜라 요소를 자연스럽게 합성하여 예술적이고 독창적인 광고 영상을 만들어 냈습니다. 이는 코카콜라가 단순한 음료를 넘어 예술과 문화의 아이콘이라는 브랜드 이미지를 강화하는 데 기여했습니다.

참고 코카콜라 Masterpiece 광고 영상
https://youtu.be/VGa1imApfdg?si=_mHTqod7Wan_Mazy

2) 나이키의 AI와 VFX 결합 광고

나이키는 AI와 전통적인 시각 특수 효과(VFX)를 결합한 하이브리드 방식으로 광고를 제작하여 화제가 되었습니다. AI는 특정 장면의 배경이나 객체를 생성하는 데 활용되고, 그 위에 전문 VFX 기술을 더해 현실감과 몰입감을 극대화했습니다. 이는 나이키가 혁신적인 기술을 선도하는 브랜드라는 이미지를 소비자들에게 각인시키는 데 효과적이었습니다.

참고　나이키 AI 광고 관련 기사
https://www.threads.com/@choi.openai/post/DEHLO6QpgbL?hl=ko

3) 자담치킨의 명화 활용 바이럴 영상

국내 사례로 자담치킨은 신메뉴 '왓더핫 치킨'을 소개하는 바이럴 영상에 명화를 활용하고 이미지와 사운드 모두 AI를 적용했습니다. AI가 명화의 스타일을 치킨 광고에 접목시켜 독특하고 유머러스한 분위기를 연출하며 소비자들의 이목을 끌었습니다. 이는 AI가 브랜드의 개성을 살리고 바이럴 효과를 창출하는 데 어떻게 기여할 수 있는지를 보여주는 좋은 예시입니다.

참고 자담치킨 AI 광고 관련 기사
https://openads.co.kr/content/contentDetail?contsId=13750

이처럼 AI 영상 제작은 기업들이 마케팅 예산을 효율적으로 사용하면서도, 창의적이고 인상적인 영상 콘텐츠를 대량으로 생산할 수 있는 새로운 가능성을 열어주고 있습니다. 이는 브랜드 인지도를 높이고, 소비자 참여를 유도하며, 궁극적으로 매출 증대에도 기여할 수 있습니다.

교육·강의 영상

교육 분야는 AI 영상 제작 기술이 가장 큰 잠재력을 발휘할 수 있는 영역 중 하나입니다. 복잡한 개념을 시각적으로 쉽게 설명하고, 학습자의 몰입도를 높이며, 개인 맞춤형 학습 경험을 제공하는 데 AI 영상이 핵심적인 역할을 합니다.

≫ 강의 자료, 튜토리얼 영상 제작 사례

AI는 교사, 강사, 기업 교육 담당자들이 효율적으로 고품질의 교육 콘텐츠를 제작할 수 있도록 돕습니다. 특히 반복적인 설명이 필요한 부분이나 시각화가 중요한 개념을 전달할 때 AI 영상의 강점이 두드러집니다.

1) AI 아바타를 활용한 강의 영상

HeyGen과 같은 AI 아바타 생성 툴은 실제 강사가 없어도 전문적인 강의 영상을 만들 수 있게 합니다. 스크립트만 입력하면 AI 아바타가 자연스러운 표정과 제스처로 강의를 진행하며, 다양한 언어로 번역하여 글로벌 학습자에게도 접근성을 높일 수 있습니다.

예시 한 온라인 교육 플랫폼에서 새로운 프로그래밍 언어 튜토리얼을 제작하면서 HeyGen의 AI 아바타를 활용했습니다. 복잡한 코딩 개념을 설명하는 스크립트를 AI 아바타에 입력하자, 아바타가 화면에 코드를 띄우고 직접 설명하는 영상이 생성되었습니다. 이를 통해 강사 섭외 및 촬영에 드는 비용을 줄이고, 필요에 따라 콘텐츠를 빠르게 업데이트할 수 있게 되었습니다.

참고 HeyGen 교육 비디오 활용 사례
https://www.heygen.com/ko-kr/use-cases/skills-training

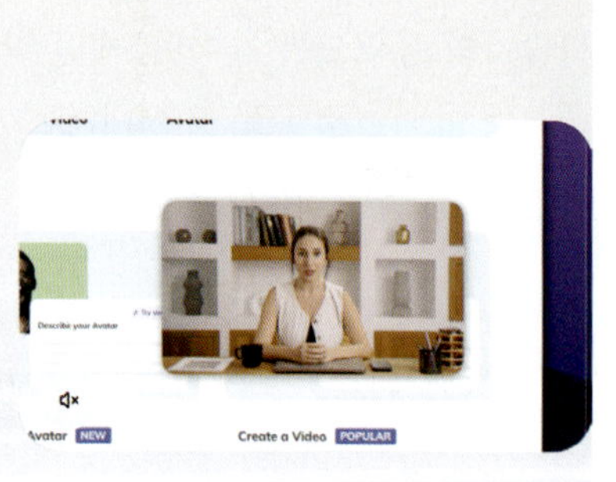

2) 텍스트 기반 학습 자료의 영상화

기존의 교재, 논문, 웹페이지 등 텍스트 형태의 학습 자료를 AI 영상 툴(예: InVideo, Pictory)을 활용해 동적 영상으로 변환할 수 있습니다. 이를 통해 학습자들은 지루함 없이 정보를 더욱 흥미롭게 습득할 수 있습니다.

역사 교사가 고대 문명에 대한 교과서 내용을 InVideo에 입력했습니다. AI는 텍스트를 분석하여 관련 유물 이미지, 지도 애니메이션, 시대별 복장 등을 자동으로 삽입하고, 배경 음악과 내레이션을 추가하여 흥미로운 역사 다큐멘터리 스타일의 학습 영상을 만들었습니다. 학생들은 이 영상을 통해 텍스트만으로는 상상하기 어려웠던 역사적 장면들을 생생하게 접할 수 있게 되었습니다.

3) 실험 및 시뮬레이션 영상 제작

실제 실험이나 복잡한 시뮬레이션을 영상으로 보여주기 어려운 경우, AI를 활용하여 가상의 실험 환경이나 시뮬레이션 영상을 제작할 수 있습니다. 이는 과학, 공학 분야의 교육에 특히 유용합니다.

의과대학에서 인체 해부학 교육을 위해 AI 기반의 3D 모델링 및 영상 생성 툴을 활용하여 인체 내부 장기의 움직임이나 질병의 진행 과정을 시뮬레이션한 영상을 제작했습니다. 학생들은 실제 해부 없이도 인체의 복잡한 구조와 기능을 입체적으로 이해할 수 있게 되었습니다. (이러한 사례는 아직 상용화된 툴보다는 연구 단계에서 많이 찾아볼 수 있습니다.)

≫ 시청각 효과 극대화를 위한 방법

AI 영상 제작은 교육 콘텐츠의 시청각 효과를 극대화하여 학습 효과를 높이는 데 기여합니다. 단순히 정보를 전달하는 것을 넘어, 학습자의 오감을 자극하고 몰입을 유도하는 방향으로 발전하고 있습니다.

1) 인터랙티브 요소 추가

AI 생성 영상에 퀴즈, 선택지, 클릭 가능한 요소 등을 추가하여 학습자가 능동적으로 참여하도록 유도합니다. 이는 학습자의 이해도를 즉각적으로 확인하고, 개인별 학습 속도에 맞춰 진행할 수 있게 합니다.

예시 AI로 제작된 외국어 학습 영상에 특정 단어가 나올 때마다 팝업 퀴즈를 띄워 학습자가 정답을 선택하도록 합니다. 오답 시에는 AI가 다시 설명해 주거나 관련 예시 영상을 보여주는 방식으로 피드백을 제공합니다.

2) 개인 맞춤형 콘텐츠 제공

AI는 학습자의 학습 이력, 선호도, 이해도 등을 분석하여 개인에게 최적화된 교육 영상을 자동으로 생성하거나 추천할 수 있습니다. 이는 '개인 교사'와 같은 역할을 AI가 수행하는 미래 교육의 방향을 제시합니다.

실제 사례

한 AI 기반 학습 관리 시스템(LMS)은 학생의 시험 점수와 학습 진도를 분석하여, 부족한 개념에 대한 AI 생성 보충 강의 영상을 자동으로 제공합니다. 예를 들어, 수학 문제 풀이에서 특정 유형에 계속 오답이 발생하면, 해당 유형의 개념을 설명하는 짧은 AI 튜토리얼 영상을 학생에게 추천하여 약점을 보완하도록 돕습니다.

3) 가상현실(VR) 및 증강현실(AR)과의 결합

AI가 생성한 3D 모델이나 환경을 VR/AR 기술과 결합하여 몰입감 있는 학습 경험을 제공합니다. 이는 특히 실습이 중요한 분야에서 효과적입니다.

 건축학과 학생들이 AI로 생성된 가상 건축물 내부를 VR 헤드셋을 통해 직접
걸어 다니며 설계의 문제점을 파악하거나, AR 기술을 활용하여 실제 공간에
가상의 기계 부품을 띄워놓고 조립 과정을 학습하는 등 실제와 유사한 환경
에서 실습할 수 있습니다.

　　AI 영상 제작은 교육의 접근성을 높이고, 학습 경험을 혁신하며,
궁극적으로는 모든 학습자가 자신의 잠재력을 최대한 발휘할 수 있
도록 돕는 강력한 도구가 될 것입니다. 교사와 강사는 AI를 활용하여
콘텐츠 제작 부담을 줄이고, 학생들은 더욱 흥미롭고 효과적인 방식
으로 지식을 습득할 수 있게 됩니다.

개인 창작·
엔터테인먼트

AI 영상 제작 기술은 전문 제작사뿐만 아니라 개인 크리에이터들에게도 새로운 창작의 지평을 열어주고 있습니다. 복잡한 기술적 장벽 없이 아이디어만 있다면 누구나 자신만의 독특한 영상 콘텐츠를 만들고 공유할 수 있게 되면서 유튜브, 틱톡, 인스타그램 등 다양한 플랫폼에서 AI 기반의 개인 창작 영상이 급증하고 있습니다.

≫ 개인 유튜브·SNS 콘텐츠, 팬 메이드 영상 등

AI는 개인 크리에이터들이 콘텐츠 제작에 드는 시간과 노력을 획기적으로 줄여주면서도, 높은 퀄리티의 결과물을 얻을 수 있도록 돕습니다. 이는 특히 숏폼 콘텐츠나 팬 메이드 영상처럼 빠르게 제작하고 확산해야 하는 분야에서 큰 강점을 가집니다.

1) AI 아바타를 활용한 유튜브 채널

실제 얼굴을 드러내기 부담스럽거나, 다양한 캐릭터를 활용하고 싶은 유튜버들은 AI 아바타를 활용하여 콘텐츠를 제작합니다. 스크립트만 준비하면 AI가 아바타의 표정, 제스처, 음성까지 생성해 주어 시간과 비용을 절약할 수 있습니다.

예시 한 유튜버는 AI 아바타를 활용하여 세계 역사 속 인물들이 현대 사회 이슈에 대해 토론하는 가상 인터뷰 콘텐츠를 제작했습니다. 예를 들어, '세종대왕이 스마트폰을 사용한다면?'과 같은 흥미로운 주제로 AI 아바타 세종대왕이 등장하여 이야기를 풀어내는 식입니다. 이는 시청자들에게 신선한 재미와 교육적 가치를 동시에 제공하며 큰 인기를 얻고 있습니다.

참고 AI 아바타 활용 유튜브 채널 사례

2) 텍스트-투-비디오(Text-to-Video)를 활용한 숏폼 콘텐츠

틱톡이나 유튜브 쇼츠와 같은 숏폼 플랫폼에서는 짧고 강렬한 임팩트가 중요합니다. AI 텍스트-투-비디오 툴(예: Runway ML Gen-2, Pika Labs)은 간단한 텍스트 프롬프트만으로도 시선을 사로잡는 짧은 영상을 빠르게 생성할 수 있어 개인 크리에이터들에게 각광받고 있습니다.

예시 한 틱톡커는 매일 다른 주제의 짧은 시를 AI 텍스트-투-비디오 툴에 입력하여, 시의 분위기에 맞는 추상적이거나 몽환적인 영상을 생성하고 이를 배경으로 시를 낭독하는 콘텐츠를 올립니다. 'AI 시각화 시'라는 독특한 콘셉트로 수십만 팔로워를 확보하며 새로운 형태의 예술 창작을 선보이고 있습니다.

참고 텍스트-투-비디오 숏폼 콘텐츠 사례

3) 팬 메이드(Fan-Made) 영상의 진화

팬덤 문화에서 팬 메이드 영상은 중요한 창작 활동입니다. AI 기술은 팬들이 좋아하는 캐릭터나 세계관을 활용하여 고품질의 2차 창작물을 만드는 것을 더욱 쉽게 만듭니다. 특히 AI 이미지 생성(Stable Diffusion, Midjourney)과 AI 영상 생성(Kaiber, Runway ML) 기술의 발전은 팬들의 상상력을 현실로 구현하는 데 큰 도움을 줍니다.

마블 팬 메이드 예고편: 마블 영화의 팬들은 AI를 활용하여 공식 예고편 못지않은 퀄리티의 팬 메이드 예고편을 제작하여 온라인에 공개합니다. 예를 들어, 특정 캐릭터가 등장하지 않는 영화에 AI로 해당 캐릭터를 합성하거나, 원작 코믹스의 장면을 AI로 영상화하여 팬들 사이에서 큰 화제가 됩니다. 이는 AI가 팬들의 창작 욕구를 충족시키고, 팬덤 문화를 더욱 풍성하게 만드는 데 기여하고 있음을 보여줍니다.

 마블 팬 메이드 AI 예고편 사례

≫ 창의적 스토리텔링을 위한 접근법

AI는 단순한 영상 제작 도구를 넘어, 개인 창작자들이 더욱 창의적이고 독창적인 스토리텔링을 시도할 수 있도록 영감을 줍니다. AI의 예측 불가능한 생성 능력은 때로는 인간의 상상력을 뛰어넘는 새로운 아이디어를 제공하기도 합니다.

1) AI와 협업하는 스토리 개발

AI 챗봇(예: ChatGPT)을 활용하여 스토리 아이디어를 브레인스토밍하고, 캐릭터를 설정하며, 시나리오 초안을 작성할 수 있습니다. AI는 다양한 레퍼런스를 기반으로 새로운 플롯 트위스트나 흥미로운 대사를 제안하여 창작의 막힌 부분을 뚫어주는 역할을 합니다.

> **예시** 한 시나리오 작가는 AI에게 '종말 이후의 세계에서 살아남은 마지막 인간의 이야기'라는 프롬프트를 주어 여러 가지 스토리 전개 아이디어를 얻었습니다. AI는 예상치 못한 반전이나 독특한 캐릭터 설정을 제안했고, 작가는 이를 바탕으로 자신만의 스토리를 더욱 풍성하게 발전시켰습니다.

2) 비주얼 스토리텔링의 확장

AI 이미지·영상 생성 툴은 텍스트만으로는 표현하기 어려웠던 추상적인 개념이나 상상 속의 장면들을 시각적으로 구현하여 스토리텔링의 폭을 넓힙니다. 이는 특히 판타지, SF, 초현실주의 장르에서 큰 강점을 가집니다.

한 독립 애니메이션 감독은 자신의 단편 애니메이션 제작에 AI 이미지 생성 툴을 활용했습니다. 복잡한 배경이나 특정 분위기의 장면을 AI로 빠르게 생성하여 콘티 단계에서부터 시각적인 아이디어를 구체화하고, 이를 바탕으로 애니메이션의 전체적인 톤 앤 매너를 확립했습니다. 이는 제작 시간을 단축하고, 감독의 창의적인 비전을 더욱 효과적으로 구현하는 데 기여했습니다.

 AI 비주얼 스토리텔링 사례

3) 인터랙티브 스토리텔링의 가능성

AI는 시청자가 직접 이야기의 흐름에 개입하고 결말을 선택할 수 있는 인터랙티브 영상 콘텐츠 제작에도 활용될 수 있습니다. 이는 게임, 교육, 엔터테인먼트 등 다양한 분야에서 새로운 시청 경험을 제공합니다.

AI 기반의 인터랙티브 스토리텔링 플랫폼에서는 사용자가 특정 장면에서 여러 선택지 중 하나를 고르면, 그 선택에 따라 AI가 다음 장면을 실시간으로 생성하거나 미리 준비된 분기로 전환합니다. 이는 시청자가 단순한 관람자를 넘어 이야기의 공동 창작자가 되는 경험을 제공합니다.

개인 창작자들에게 AI 영상 제작은 더 이상 꿈이 아닌 현실이 되었습니다. AI는 기술적 한계를 넘어 창의적인 아이디어를 자유롭게 펼칠 수 있는 강력한 날개를 달아주며, 누구나 자신만의 이야기를 영상으로 만들어 세상과 소통할 수 있는 시대를 열고 있습니다.

인터랙티브 영상 및 기타 활용

AI 영상 제작 기술은 단순히 영상을 만드는 것을 넘어, 시청자와 상호작용하고 새로운 미디어 기술과 결합하여 전에 없던 경험을 제공하는 방향으로 진화하고 있습니다. 이는 엔터테인먼트, 교육, 심지어 의료 분야에 이르기까지 다양한 영역에서 혁신적인 가능성을 열어주고 있습니다.

» 참여형 영상, 가상현실·증강현실 요소 결합

AI는 시청자가 영상의 스토리에 직접 개입하거나, 가상 및 증강현실 환경에서 몰입감 있는 경험을 할 수 있도록 돕습니다.

1) 인터랙티브 스토리텔링

AI는 시청자의 선택에 따라 이야기의 전개나 결말이 달라지는 인터랙티브 영상을 제작하는 데 활용됩니다. 이는 게임과 같은 몰입감을 제공하며, 시청자가 단순한 관람자를 넘어 이야기의 공동 창작자가 되는 경험을 선사합니다.

 넷플릭스의 인터랙티브 드라마 '블랙 미러: 밴더스내치'와 같이, AI는 시청자의 선택을 실시간으로 분석하여 다음 장면을 제시하거나, 여러 분기점 중 하나를 선택하도록 유도할 수 있습니다. AI 기반의 인터랙티브 영상 플랫폼은 사용자가 스크립트와 선택지를 입력하면, AI가 각 선택지에 맞는 영상 클립을 생성하고 연결하여 하나의 완성된 인터랙티브 스토리를 만들어 줍니다. 이는 교육용 시뮬레이션이나 기업의 의사결정 훈련 영상 등에도 활용될 수 있습니다.

 AI 기반 인터랙티브 스토리텔링 사례 연구
http://journal.dcs.or.kr/xml/32609/32609.pdf

2) AI와 가상현실(VR)의 결합

AI는 가상현실 콘텐츠 제작의 효율성을 높일 뿐만 아니라, 더욱 현실적이고 몰입감 있는 VR 경험을 제공합니다. AI가 3D 환경을 자동으로 생성하거나, 사용자 행동에 반응하는 가상 캐릭터를 만드는 데 기여합니다.

 AI 기반의 VR 콘텐츠 제작 툴은 텍스트 설명만으로도 복잡한 가상 환경을 빠르게 구축할 수 있습니다. 예를 들어, '중세 시대의 성 내부'라는 프롬프트만으로 AI가 성의 구조, 가구 배치, 조명 등을 자동으로 생성하여 VR 헤드셋을 통해 탐험할 수 있는 가상 공간을 만들어 줍니다. 이는 건축, 부동산, 게임 등 다양한 분야에서 활용될 수 있습니다.

 AI가 가상현실도 생성한다
https://www.youtube.com/shorts/-66FwfSYlfw

3) AI와 증강현실(AR)의 결합

AI는 실제 환경에 디지털 정보를 자연스럽게 오버레이하는 증강 현실 기술을 더욱 정교하게 만듭니다. AI 기반의 객체 인식 및 추적 기술은 AR 콘텐츠의 현실감을 높이고, 사용자 경험을 풍부하게 합니다.

예시 스마트폰 카메라를 통해 실제 공간을 비추면, AI가 공간을 인식하고 가상의 가구를 배치하거나, 벽에 그림을 걸어보는 AR 앱이 있습니다. 또한, AI 기반의 AR 필터는 사용자의 얼굴에 실시간으로 다양한 효과를 적용하여 엔터테인먼트 콘텐츠로 활용됩니다. 의료 분야에서는 AI와 AR을 결합하여 수술 시뮬레이션이나 해부학 교육에 활용, 실제 인체 위에 가상의 장기나 혈관을 겹쳐 보여주며 학습 효과를 극대화합니다.

참고 VR·AR 속 수술 장면, AI로 더 현실감 있게 구현한다
https://www.chosun.com/economy/science/2025/06/09/3DZC7XRU5TQQO5AUF27VJFC76Y/

≫ 신기술 결합 사례

AI 영상 제작은 다른 첨단 기술과의 융합을 통해 끊임없이 새로운 가능성을 탐색하고 있습니다.

1) 디지털 휴먼 및 버추얼 인플루언서

AI 기반의 디지털 휴먼은 실제 사람과 거의 구별할 수 없는 수준으로 발전하고 있으며, 이들은 광고, 홍보, 엔터테인먼트 등 다양한 분야에서 버추얼 인플루언서로 활동하고 있습니다. AI는 이들의 표

정, 음성, 움직임을 자연스럽게 생성하고 제어하여 실제 사람과 같은 상호작용을 가능하게 합니다.

국내외에서 활동하는 수많은 버추얼 인플루언서들은 AI 기술로 만들어진 가상의 존재임에도 불구하고, 실제 사람과 같은 영향력을 행사하며 광고 모델, 가수, 유튜버 등으로 활약하고 있습니다. 이들은 AI 영상 제작 기술의 발전이 가져온 새로운 형태의 미디어 콘텐츠이자 비즈니스 모델을 보여줍니다.

 로지(Rozy) 등 국내 버추얼 인플루언서 사례

2) AI 기반의 실시간 영상 생성 및 스트리밍

AI는 실시간으로 영상을 생성하고 스트리밍하는 기술로 발전하고 있습니다. 이는 라이브 커머스, 실시간 뉴스 보도, 개인 방송 등에서 즉각적인 콘텐츠 생성을 가능하게 합니다.

 AI가 실시간으로 스포츠 경기의 하이라이트 영상을 자동 편집해 송출하거나, 주식 시장의 변동을 실시간 그래프와 함께 AI 아나운서가 설명하는 뉴스 채널 등이 등장할 수 있습니다. 이는 정보 전달의 속도를 극대화하고, 개인 맞춤형 실시간 콘텐츠 제공의 가능성을 열어줍니다.

3) AI와 블록체인(NFT)의 결합

AI로 생성된 영상 콘텐츠에 블록체인 기술을 적용하여 소유권을 명확히 하고, 디지털 자산으로서의 가치를 부여하는 시도도 이루어지고 있습니다. 이는 창작자의 권리를 보호하고, 새로운 수익 모델을 창출하는 데 기여할 수 있습니다.

 AI 아티스트가 생성한 독특한 영상 작품을 NFT로 발행하여 디지털 아트 시장에서 거래하는 사례가 늘고 있습니다. 이는 AI가 단순한 도구를 넘어, 예술 창작의 주체로서 인정받는 새로운 패러다임을 제시합니다.

AI 영상 제작 기술은 이처럼 다양한 분야에서 혁신을 이끌고 있으며, 다른 첨단 기술과의 융합을 통해 그 활용 범위와 영향력을 계속해서 확장해 나가고 있습니다. 이러한 변화는 미래 사회의 커뮤니케이션 방식과 콘텐츠 소비 행태를 근본적으로 바꿀 잠재력을 지니고 있습니다.

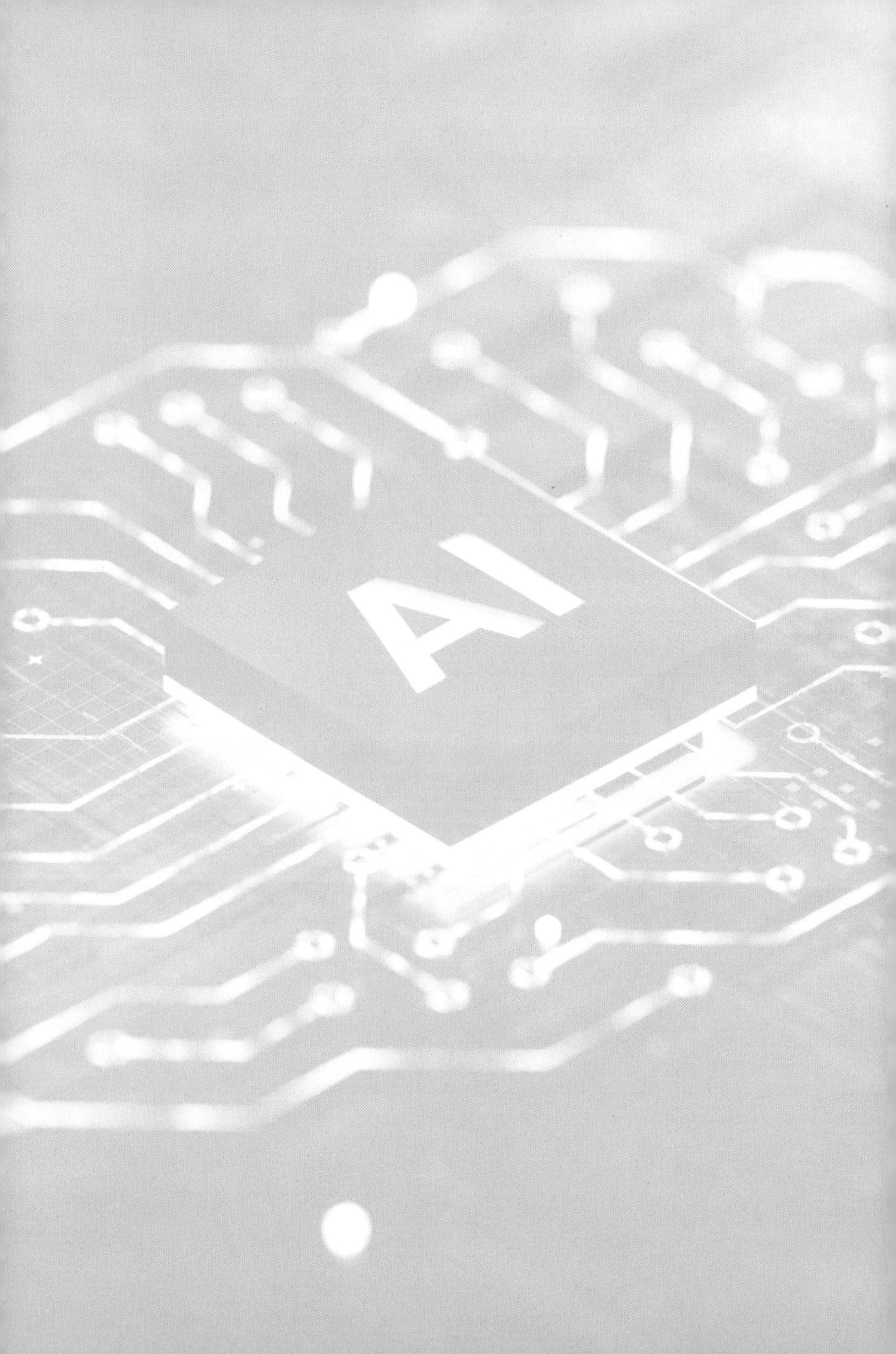

AI

AI 영상의 함정과 해결 방법

AI 영상 제작 기술은 놀라운 가능성을 제공하지만, 동시에 여러 가지 도전 과제와 함정을 내포하고 있습니다. 기술의 한계를 이해하고, 발생할 수 있는 문제점들을 미리 파악하며, 이에 대한 효과적인 해결 방안을 모색하는 것이 고품질의 AI 영상을 제작하고 책임감 있는 창작 활동을 이어가는 데 필수적입니다. 이 장에서는 AI 영상 제작 과정에서 흔히 마주치는 문제점들을 분석하고, 이를 극복하기 위한 실질적인 방법들을 제시합니다.

퀄리티 편차와 반복 시도

AI 영상 생성 기술은 빠르게 발전하고 있지만, 여전히 사용자가 원하는 완벽한 결과물을 한 번에 얻기 어려운 경우가 많습니다. 따라서 AI의 작동 방식과 결과물의 특성을 이해하고, 이를 효과적으로 다루는 노하우가 필요합니다.

≫ AI 결과물의 예측 불가능성

AI 영상 생성 모델은 방대한 데이터를 학습하여 새로운 영상을 만들어 냅니다. 하지만 이러한 과정은 때때로 예측 불가능한 결과를 초래할 수 있습니다. 사용자가 입력한 프롬프트(명령어)에 따라 다양한 스타일과 내용의 영상이 생성될 수 있으며, 때로는 의도와 전혀 다른 결과물이 나오기도 합니다.

1) 다양한 해석의 가능성

AI는 텍스트 프롬프트를 기반으로 영상을 생성할 때, 인간이 생각하는 것과는 다른 방식으로 단어나 개념을 해석할 수 있습니다. 예를 들어, '행복한 가족'이라는 프롬프트에 대해 AI는 단순히 웃는 얼굴의 가족을 보여줄 수도 있고, 특정 문화권의 전통적인 가족상을 반영할 수도 있습니다. 이는 AI가 학습한 데이터의 편향성이나 다양성에 따라 달라질 수 있습니다.

2) 미세한 프롬프트 변화의 큰 영향

프롬프트의 단어 하나, 구두점 하나, 혹은 순서의 변화가 영상 결과물에 예상치 못한 큰 영향을 미칠 수 있습니다. 이는 AI 모델이 프롬프트를 해석하는 방식이 매우 민감하기 때문입니다.

예시   '푸른 하늘 아래 평화로운 들판'과 '평화로운 들판 아래 푸른 하늘'은 인간에게는 유사한 의미로 들리지만, AI에게는 전혀 다른 시각적 구성을 지시할 수 있습니다. 전자는 들판이 주가 되고 하늘이 배경이 될 수 있지만, 후자는 하늘이 더 강조되거나 구도가 달라질 수 있습니다.

3) 기술적 한계

빠르게 발전하고 있으나, AI 영상 생성 기술은 아직 완벽하지 않으며, 영상의 일관성 부족, 객체의 왜곡, 부자연스러운 움직임 등 기술적인 한계를 보이기도 합니다. 특히 복잡한 장면이나 미묘한 감정 표현은 AI가 정확하게 구현하기 어려운 영역입니다.

실제 사례

OpenAI의 Sora와 같은 최신 AI 영상 생성 모델도 길이가 긴 영상에서 캐릭터의 일관성을 유지하거나, 물리 법칙을 정확하게 시뮬레이션하는 데 어려움을 겪는 경우가 있습니다. 예를 들어, 사람이 걷는 영상에서 다리가 갑자기 늘어나거나, 물체가 중력의 영향을 받지 않는 것처럼 보이는 현상이 발생하기도 합니다.

≫ 반복 생성과 수정으로 퀄리티 높이는 요령

AI 결과물의 예측 불가능성을 극복하고 원하는 퀄리티의 영상을 얻기 위해서는 반복적인 시도와 섬세한 수정 과정이 필수적입니다. AI를 활용한 영상 제작은 한 번에 끝나는 작업이 아니라, AI와 상호 작용하며 점진적으로 완성도를 높여가는 과정입니다.

1) 프롬프트 최적화

원하는 결과물을 얻기 위한 가장 중요한 단계는 프롬프트를 정교하게 작성하는 것입니다. 구체적이고 명확한 지시어를 사용하고, 필요한 경우 스타일, 분위기, 색상, 카메라 앵글 등 세부적인 요소를 추가하여 AI의 이해를 돕습니다.

처음부터 완벽한 프롬프트를 작성하기보다는, 핵심 키워드를 중심으로 간단하게 시작한 후, 생성된 영상을 보면서 부족한 부분을 보완하는 방식으로 프롬프트를 점진적으로 개선해 나가는 것이 효과적입니다. 예를 들어, '고양이 영상'에서 시작하여 '따뜻한 햇살 아래 창가에서 졸고 있는 오렌지색 고양이, 클로즈업, 부드러운 조명'과 같이 구체화할 수 있습니다.

2) 다양한 시도와 반복 생성

AI 모델은 동일한 프롬프트에도 약간씩 다른 결과물을 생성할 수 있습니다. 따라서 여러 번 반복하여 영상을 생성하고, 그중에서 가장 마음에 드는 결과물을 선택하는 것이 좋습니다. 대부분의 AI 영상 생성 툴은 여러 버전의 영상을 동시에 생성하거나, 한 번의 클릭으로 여러 번 반복 생성하는 기능을 제공합니다.

특정 장면의 영상이 마음에 들지 않는다면, 프롬프트를 조금씩 수정하거나, 시드(Seed) 값을 변경하여 여러 개의 대안 영상을 생성해 보고, 그중에서 가장 적합한 것을 고릅니다.

3) 부분 수정 및 재구성

생성된 영상 전체가 마음에 들지 않을 수도 있지만, 특정 부분만 수정하면 되는 경우도 많습니다. AI 영상 편집 툴은 영상의 특정 구간만 재편집하거나, 배경을 변경하거나, 객체를 추가·제거하는 기능을 제공합니다. 이러한 기능을 활용하여 원하는 부분만 정교하게 수정할 수 있습니다.

AI가 생성한 영상의 특정 프레임을 이미지로 추출하여 AI 이미지 편집 툴로 수정한 후, 다시 영상에 삽입하거나, 기존 영상과 자연스럽게 연결되도록 AI 인페인팅(Inpainting) 또는 아웃페인팅(Outpainting) 기능을 활용할 수 있습니다.

4) 후처리 및 보정

AI로 생성된 영상이라도 최종 퀄리티를 높이기 위해서는 전통적인 영상 편집 프로그램(예: Adobe Premiere Pro, After Effects)을 활용한 후처리 과정이 중요합니다. 색 보정, 사운드 믹싱, 특수 효과 추가 등을 통해 영상의 완성도를 극대화할 수 있습니다.

AI로 생성된 짧은 광고 영상의 경우, AI가 제공하는 기본적인 음향 효과나 배경 음악만으로는 전문적인 느낌을 주기 어렵습니다. 이때 전문적인 음향 편집 소프트웨어로 배경 음악을 추가하고, 성우의 내레이션을 입히며, 최종적으로 색 보정을 통해 영상의 분위기를 통일하면 훨씬 높은 퀄리티의 결과물을 얻을 수 있습니다.

 동영상 화질 개선하는 방법(필모라)
https://filmora.wondershare.kr/video-editing-tips/enhance-video-quality.html

AI 영상 제작은 AI의 능력을 이해하고, 인간의 창의성과 노력을 결합할 때 비로소 최고의 결과물을 만들어 낼 수 있습니다. AI를 단순한 결과물 생성기가 아닌, 창작 과정을 돕는 강력한 파트너로 인식하고 적극적으로 활용하는 자세가 중요합니다.

저작권·윤리 문제

AI 영상 제작 기술이 발전하면서, 기존 저작물의 무단 사용, 개인의 초상권 및 음성권 침해 등 복잡한 법적·윤리적 문제들이 발생하고 있습니다. 이러한 문제들은 AI 영상 제작의 확산을 저해하고 창작 생태계에 혼란을 야기할 수 있으므로, 명확한 이해와 신중한 접근이 필요합니다.

≫ 기존 이미지·영상 사용 시 발생 가능한 분쟁

AI 모델은 방대한 양의 데이터를 학습하여 새로운 콘텐츠를 생성합니다. 이 학습 데이터에는 저작권이 있는 이미지, 영상, 음악 등이 포함될 수 있으며, 이로 인해 다양한 저작권 분쟁이 발생할 수 있습니다.

1) AI 학습 데이터의 저작권 침해

AI 모델이 저작권자의 허락 없이 저작물을 학습 데이터로 사용하는 것은 저작권 침해로 간주될 수 있습니다. 특히 상업적 목적으로 AI를 개발하거나 활용하는 경우, 학습 데이터의 출처와 저작권 준수 여부가 중요한 쟁점이 됩니다.

실제 사례

2024년 6월, 여러 언론사와 작가들이 AI 기업을 상대로 자신들의 저작물이 허락 없이 AI 학습에 사용되었다며 저작권 침해 소송을 제기하는 사례가 증가하고 있습니다. 이는 AI 산출물의 저작권뿐만 아니라, AI 학습 과정에서의 저작권 문제도 중요한 이슈임을 보여줍니다.

참고 미디어 산업에서의 AI 저작권 분쟁 동향(한국저작권위원회블로그)
https://blog.naver.com/kcc_press/223489634460

2) AI 생성물의 유사성 문제

AI가 생성한 영상이 기존 저작물과 실질적으로 유사하거나, 특정 작가의 고유한 스타일을 모방하여 생성될 경우 저작권 침해 논란이 발생할 수 있습니다. AI가 학습한 데이터의 영향을 받아 원본과 유사한 결과물을 만들어 낼 가능성이 있기 때문입니다.

예시 특정 애니메이션 스튜디오의 화풍을 학습한 AI가 해당 스튜디오의 캐릭터와 유사한 이미지를 생성하거나, 유명 영화의 특정 장면과 흡사한 영상을 만들어 낼 경우, 이는 저작권 침해의 소지가 될 수 있습니다. 특히 상업적으로 이용될 경우 법적 분쟁으로 이어질 가능성이 높습니다.

참고 AI 작품, 어디까지 저작권을 인정받을 수 있을까?(삼성SDS인사이트리포트)
https://www.samsungsds.com/kr/insights/ai-copyright-240813.html

3) 저작권 귀속의 불분명성

AI가 생성한 콘텐츠의 저작권이 누구에게 귀속되는지에 대한 법적 기준이 아직 명확하지 않습니다. 대부분의 국가에서는 AI 단독 생성물에 대해서는 저작권을 인정하지 않는 추세이며, 인간의 창작적 기여가 있어야 저작권을 인정하는 경향이 있습니다. 이는 AI를 활용한 창작 활동 시 저작권 보호 범위에 대한 불확실성을 야기합니다.

2025년 4월, 중국 법원은 AI 모델에 프롬프트만 입력하여 생성한 이미지는 저작권 보호 대상이 아니라는 판결을 내렸습니다. 이는 AI가 도구로서 활용되었을 뿐, 인간의 창작성이 직접적으로 개입되지 않았다고 본 사례입니다.

"AI 프롬프트 생성 이미지는 저작권 보호 안돼"…中서 첫 판결
https://www.yna.co.kr/view/AKR20250424091300009

≫ 초상권 및 음성 데이터 사용의 법적 이슈

AI 영상 제작은 타인의 얼굴이나 목소리를 활용하여 영상을 생성할 수 있는 강력한 기능을 제공하지만, 이는 초상권 및 음성권 침해와 같은 심각한 법적 문제로 이어질 수 있습니다.

1) 초상권 침해

동의 없이 타인의 얼굴이나 신체적 특징을 AI 영상에 사용하는 것은 초상권 침해에 해당합니다. 특히 유명인의 초상권을 무단으로 사

용하는 경우, 퍼블리시티권 침해 문제까지 발생할 수 있습니다. 이는 개인의 인격권과 재산권을 동시에 침해하는 행위입니다.

2024년 10월, 국내에서 딥페이크 기술을 이용해 유명인의 얼굴을 합성한 불법 영상물이 유포되어 큰 사회적 논란이 되었습니다. 이러한 행위는 정보통신망법 위반 및 성폭력처벌법에 따라 처벌받을 수 있으며, 피해자에게는 심각한 정신적 피해를 입힙니다.

참고 사진 하나로 영상 '뚝딱'… 딥페이크·저작권 침해 등 확산 우려
https://news.nate.com/view/20241007n38333

2) 음성 데이터 사용의 법적 이슈

AI 음성 합성 기술은 특정인의 목소리를 복제하여 새로운 음성 콘텐츠를 생성할 수 있습니다. 동의 없이 타인의 음성 데이터를 학습하거나 이를 활용하여 음성 콘텐츠를 제작하는 것은 음성권 침해에 해당하며, 경우에 따라서는 부정경쟁방지법 위반으로도 이어질 수 있습니다.

2023년 5월, AI가 유명 가수의 목소리를 복제하여 다른 가수의 노래를 부르는 'AI 커버곡'이 유행하면서 저작권 및 음성권 침해 논란이 불거졌습니다. 현행법상 개인의 음성 자체는 저작권 보호 대상이 아니지만, 부정경쟁방지법에 따라 유명인의 음성을 무단으로 사용하여 경제적 이익을 침해하는 경우 법적 제재를 받을 수 있습니다.

참고 AI 브루노 마스가 부르는 '하이프 보이', 법적 문제 없을까
https://www.yna.co.kr/view/AKR20230513036900017

3) 개인정보 보호 문제

AI 모델 학습을 위해 수집되는 방대한 데이터에는 개인의 민감한 정보가 포함될 수 있습니다. 이러한 개인정보가 유출되거나 오용될 경우 심각한 프라이버시 침해 문제를 야기할 수 있습니다. 따라서 AI 개발 및 활용 과정에서 개인정보 보호 규정을 철저히 준수해야 합니다.

AI 영상 제작의 저작권 및 윤리 문제는 기술 발전과 함께 계속해서 새로운 쟁점을 만들어 낼 것입니다. 창작자는 물론, AI 기술 개발자와 플랫폼 제공자 모두가 이러한 문제들을 인지하고, 법적·윤리적 가이드라인을 준수하며 책임감 있는 자세로 AI 기술을 활용해야 합니다. 이는 AI 영상 제작 생태계의 건강한 발전과 지속 가능한 창작 활동을 위한 필수적인 전제입니다.

가짜 정보와 딥페이크에 대한 대응

AI 영상 제작 기술의 발전은 '보는 것을 믿을 수 없는' 시대를 열었습니다. 특히 딥페이크 기술은 실제와 구별하기 어려운 가짜 영상과 음성을 만들어 내어 허위 정보 유포, 사기, 명예훼손 등 심각한 사회적 문제를 야기하고 있습니다. 이러한 악의적 활용에 대응하고, 책임감 있는 AI 사용 문화를 정착시키는 것이 중요합니다.

>> 악의적 활용 사례 소개

딥페이크 기술은 엔터테인먼트, 교육 등 긍정적인 분야에서 활용될 수 있지만, 그 이면에는 기술의 오용과 남용으로 인한 위험이 도사리고 있습니다. 특히 정치, 경제, 사회 전반에 걸쳐 혼란을 야기할 수 있는 악의적 활용 사례들이 보고되고 있습니다.

1) 정치적 선동 및 여론 조작

선거 기간 중 특정 후보에 대한 허위 사실을 유포하거나, 경쟁 후보를 비방하는 딥페이크 영상을 제작하여 유권자들의 판단을 흐리게 할 수 있습니다. 이는 민주주의의 근간을 흔들 수 있는 심각한 위협입니다.

2024년 미국 대선을 앞두고, 특정 후보가 인종차별적 발언을 하는 딥페이크 오디오 클립이 유포되어 큰 파문을 불러일으켰습니다. 해당 오디오는 AI로 조작된 것으로 확인되었지만, 짧은 시간 안에 광범위하게 퍼져 유권자들에게 혼란을 초래했습니다.

2) 금융 사기 및 보이스피싱

AI 음성 합성 기술과 딥페이크 영상 기술이 결합되면, 가족이나 지인을 사칭한 보이스피싱, 금융 사기 등에 악용될 수 있습니다. 실제와 같은 목소리와 얼굴로 접근하여 피해자를 속이는 수법은 점점 더 교묘해지고 있습니다.

실제 사례

2024년, 한 남성이 AI로 조작된 딸의 목소리로 "납치됐다"는 전화를 받고 거액을 송금할 뻔한 사건이 발생했습니다. 이 사례는 AI 기술이 범죄에 악용될 경우 얼마나 큰 피해를 초래할 수 있는지를 보여줍니다.

3) 성 착취물 제작 및 유포

가장 심각하고 비윤리적인 딥페이크 악용 사례 중 하나는 동의 없이 타인의 얼굴을 음란물에 합성하여 유포하는 것입니다. 이는 피해자에게 회복하기 어려운 정신적 고통과 사회적 낙인을 안겨주며, 심각한 범죄 행위로 간주됩니다.

실제 사례

국내외에서 연예인이나 일반인의 얼굴을 합성한 딥페이크 성 착취물 제작 및 유포 사건이 끊이지 않고 발생하고 있으며, 이는 법적 처벌의 대상이 됩니다.

 딥페이크 영상물 퍼뜨리는 것도 처벌 대상입니다(대한민국 정책브리핑)
https://www.korea.kr/multi/visualNewsView.do?newsId=148933457

≫ 책임감 있는 AI 사용을 위한 가이드

AI 영상 제작 기술의 악의적 활용을 막고 건강한 창작 생태계를 조성하기 위해서는 기술 개발자, 플랫폼 제공자, 그리고 사용자 모두의 책임감 있는 노력이 필요합니다. 다음은 책임감 있는 AI 사용을 위한 주요 가이드라인입니다.

1) 투명성 확보 및 고지 의무

AI로 생성된 콘텐츠임을 명확히 표시하는 것이 중요합니다. 워터마크, 메타데이터 삽입, 또는 명시적인 고지 등을 통해 시청자가 AI 생성 콘텐츠임을 인지할 수 있도록 해야 합니다. 이는 허위 정보 확산을 방지하고, 미디어 리터러시를 강화하는 데 기여합니다.

실제 사례

유튜브는 2024년 3월부터 생성형 AI로 제작된 영상에 대해 크리에이터가 이를 명확히 고지하도록 의무화했습니다. 이러한 조치는 시청자에게 정보의 투명성을 제공하고, AI 콘텐츠의 오용을 방지하기 위한 노력의 일환입니다.

참고   YouTube는 어떻게 생성형 AI에 책임감 있게 접근하고 있나요?
https://www.youtube.com/intl/ALL_kr/howyoutubeworks/our-
commitments/responsible-ai/

2) 윤리적 AI 개발 및 배포

AI 기술 개발 단계부터 윤리적 원칙을 내재화하고, 잠재적인 위험을 최소화하기 위한 노력이 필요합니다. 편향성 제거, 공정성 확보, 설명 가능성 증대 등을 통해 신뢰할 수 있는 AI 시스템을 구축해야 합니다.

예시   Google Cloud의 Vertex AI와 같은 플랫폼은 책임감 있는 AI 가이드라인을 위반하는 프롬프트를 차단하는 기능을 제공하여, 악의적인 콘텐츠 생성을 사전에 방지하고 있습니다.

참고   Vertex AI 동영상 생성 프롬프트 가이드
https://cloud.google.com/vertex-ai/generative-ai/docs/video/video-gen-
prompt-guide?hl=ko

3) 미디어 리터러시 교육 강화

일반 대중이 AI 생성 콘텐츠를 비판적으로 수용하고, 정보의 진위를 판별할 수 있는 능력을 기르도록 미디어 리터러시 교육을 강화해야 합니다. 학교 교육 과정에 AI 윤리 및 미디어 리터러시를 포함하고, 관련 캠페인을 통해 대중의 인식을 높이는 것이 중요합니다.

예시   각국 정부와 미디어 기관들은 AI 시대의 미디어 리터러시 강화를 위해 교육 프로그램과 가이드라인을 개발·배포하고 있습니다. 이러한 조치는 AI 기술의 긍정적인 활용을 장려하고, 부정적인 영향을 최소화하기 위한 사회적 노력의 일환입니다.

4) 법적·제도적 규제 마련

AI 기술의 빠른 발전에 발맞춰 관련 법규와 제도를 정비해야 합니다. 딥페이크 등 악의적 활용에 대한 처벌을 강화하고, AI 생성 콘텐츠의 저작권 및 책임 소재를 명확히 하는 법적 기반을 마련해야 합니다.

실제 사례

유럽연합(EU)은 AI 기술의 위험 수준에 따라 규제를 차등 적용하는 'AI 법안'을 통과시켰습니다. 이 법안은 AI 기술의 안전하고 윤리적인 사용을 위한 국제적인 노력의 대표적인 사례입니다.

참고 AI의 윤리적 중요성과 EU AI 법안: 미래를 위한 핵심 가이드라인(Nemko)
https://www.nemko.com/ai-trust

AI 영상 제작 기술은 양날의 검과 같습니다. 기술의 잠재력을 최대한 활용하는 동시에 그 위험성을 인지하고 사회적 책임을 다하는 것이 중요합니다. 기술 개발자, 플랫폼 제공자, 그리고 사용자 모두가 협력하여 AI 영상 제작이 인류의 삶을 더욱 풍요롭게 하는 도구로 자리매김할 수 있도록 노력해야 할 것입니다.

고급 활용 및 커스텀 AI

AI 영상 제작 기술은 단순히 텍스트나 이미지를 영상으로 변환하는 것을 넘어, 사용자의 의도와 창의성을 더욱 깊이 반영할 수 있는 고급 단계로 진화하고 있습니다. 이 장에서는 AI 모델을 자신만의 스타일로 미세 조정(Fine-tuning)하고, 코딩을 통해 AI 영상 합성의 가능성을 확장하며, 작품에 독특한 스타일과 특수 효과를 부여하는 고급 활용법에 대해 다룹니다. 이러한 기술들을 익히면 AI를 단순한 도구가 아닌, 창작의 강력한 파트너로 활용하여 더욱 독창적이고 고품질의 영상을 제작할 수 있을 것입니다.

AI 모델 파인튜닝의 이해

AI 영상 생성 모델은 방대한 양의 데이터를 학습하여 다양한 스타일과 내용의 영상을 만들어 낼 수 있습니다. 하지만 범용 모델은 모든 사용자의 특정 요구사항이나 고유한 스타일을 완벽하게 반영하기 어렵습니다. 이때 필요한 것이 바로 '파인튜닝(Fine-tuning)'입니다. 파인튜닝은 이미 학습된 대규모 AI 모델을 특정 목적에 맞게 추가 학습시켜 성능을 최적화하는 과정을 의미합니다. 이를 통해 자신만의 영상 스타일이나 브랜드 이미지를 AI 모델에 반영하고, 더욱 맞춤화된 결과물을 얻을 수 있습니다.

≫ 자신만의 영상 스타일이나 브랜드 이미지 반영하기

파인튜닝은 AI 모델이 특정 데이터셋의 특징을 집중적으로 학습하도록 하여, 해당 데이터셋의 스타일이나 특성을 반영한 결과물을 생성하게 합니다. 이는 개인 크리에이터가 자신만의 시그니처 스타일을 AI 영상에 녹여내거나, 기업이 일관된 브랜드 아이덴티티를 유지하는 데 매우 유용합니다.

1) 개인 크리에이터의 스타일 반영

특정 색감, 구도, 편집 리듬, 또는 자주 사용하는 시각적 모티프 등 개인 크리에이터의 고유한 영상 스타일을 담은 데이터셋을 AI 모델에 파인튜닝하면, AI가 해당 스타일을 학습하여 새로운 영상을 생성할 때 이를 반영하게 됩니다. 예를 들어, 빈티지 필름 느낌의 영상을 주로 만드는 크리에이터라면, 자신의 기존 작품들을 학습시켜 AI가 유사한 분위기의 영상을 만들도록 할 수 있습니다.

> **예시** 미디어 아티스트 오재원 씨는 ComfyUI를 활용한 영상 제작 워크플로우에서 모델 파인튜닝 및 커스터마이징을 통해 기존 비디오의 스타일 전이를 통한 뮤직비디오 영상 제작 과정을 실습합니다. 이 사례는 개인의 창작 스타일을 AI에 학습시켜 독창적인 결과물을 얻는 방법을 잘 보여줍니다.

2) 브랜드 이미지 일관성 유지

기업이나 브랜드는 자신들의 로고, 색상 팔레트, 폰트, 특정 제품 이미지, 광고의 톤 앤 매너 등 고유한 시각적 아이덴티티를 가지고 있습니다. 이러한 브랜드 자산들을 AI 모델에 파인튜닝하면, AI가 생성하는 모든 영상 콘텐츠가 브랜드 가이드라인에 맞춰 일관된 느낌을 유지하도록 할 수 있습니다. 이 방법은 마케팅 캠페인이나 홍보 영상 제작 시 브랜드 일관성을 확보하는 데 매우 효과적입니다.

특정 패션 브랜드가 자사의 신제품 컬렉션 이미지를 AI 모델에 학습시켜, 해당 컬렉션의 분위기와 스타일이 반영된 광고 영상을 자동으로 생성하는 데 활용할 수 있습니다. 이를 통해 수많은 제품 광고 영상을 빠르고 효율적으로 제작하면서도 브랜드의 고급스러운 이미지를 일관되게 유지할 수 있습니다. (AI로 1분 만에 3D 타이포그래피 영상 만들기 참고)

참고 타이포그래피 AI 영상 만들기(Carat AI 블로그)
https://carat.im/blog/ai-3d-typography-video

≫ 커스텀 데이터 활용 방법

파인튜닝의 핵심은 '커스텀 데이터'입니다. 어떤 데이터를 AI 모델에 추가 학습시키느냐에 따라 결과물의 품질과 특성이 결정됩니다. 커스텀 데이터는 주로 이미지, 영상 클립, 텍스트 프롬프트 등으로 구성될 수 있습니다.

1) 데이터 수집 및 정제

파인튜닝을 위한 데이터는 양보다 질이 중요합니다. 원하는 스타일이나 특징을 명확하게 보여주는 고품질의 데이터를 충분히 수집해야 합니다. 또한, 데이터에 노이즈나 불필요한 요소가 포함되어 있다면 이를 정제하는 과정이 필수적입니다. 예를 들어, 특정 인물의 얼굴을 학습시키려면 다양한 각도와 표정의 고해상도 사진이나 영상 클립을 준비해야 합니다.

데이터셋을 구축할 때는 다양성을 확보하는 것이 중요합니다. 너무 적은 양의 데이터나 편향된 데이터는 AI 모델이 특정 스타일에 과적합(Overfitting)되어 다른 스타일의 영상을 생성하기 어렵게 만들 수 있습니다.

2) 데이터 라벨링

AI 모델이 데이터를 정확하게 이해할 수 있도록 데이터에 적절한 라벨(태그)을 부여하는 것이 좋습니다. 예를 들어, 특정 스타일의 이미지를 학습시킬 때는 해당 스타일을 설명하는 키워드를 함께 제공하여 AI가 스타일과 이미지를 연결 지을 수 있도록 합니다.

3) 파인튜닝 과정

파인튜닝은 일반적으로 다음과 같은 단계를 거칩니다.

① 사전 학습된 모델 선택: Stable Diffusion, Midjourney, RunwayML 등 목적에 맞는 기본 AI 영상 생성 모델을 선택합니다.

② 커스텀 데이터셋 준비: 위에서 설명한 방식으로 고품질의 커스텀 데이터를 준비합니다.

③ 모델 학습: 준비된 데이터셋을 사용하여 선택한 AI 모델을 추가 학습시킵니다. 이 과정은 컴퓨팅 자원을 많이 소모하며, 클라우드 기반의 AI 학습 플랫폼(예: Google Cloud Vertex AI, AWS SageMaker)을 활용하는 것이 일반적입니다.

참고 SageMaker: 나만의 이미지 생성모델 만들기(with FineTuning)
https://www.smileshark.kr/post/sagemaker-my-image-creation-model-
creation-with-finetuning

④ 결과물 평가 및 반복: 파인튜닝된 모델로 영상을 생성하고, 결과물을 평가하여 만족스러운 수준이 될 때까지 데이터셋을 보완하거나 학습 파라미터를 조정하며 반복 학습을 진행합니다.

파인튜닝은 AI 영상 제작의 개인화 및 전문화를 위한 강력한 도구입니다. 이를 통해 사용자는 단순한 AI 사용자에서 벗어나, AI 모델의 특성을 이해하고 제어하여 자신만의 독창적인 결과물을 만들어 내는 진정한 크리에이터로 거듭날 수 있습니다.

SageMaker : 나만의 이미지 생성모델 만들기 (with FineTuning)

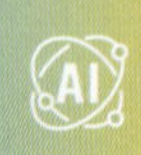

코딩을 통한 AI 영상 합성 심화

앞서 살펴본 파인튜닝이 기존 AI 모델을 활용하는 고급 기법이라면, 코딩을 통한 AI 영상 합성은 더욱 깊이 있는 수준에서 AI 기술을 제어하고 활용하는 방법입니다. 이는 주로 개발자나 데이터 과학자, 혹은 프로그래밍에 능숙한 크리에이터에게 해당하지만, 그 원리를 이해하는 것만으로도 AI 영상 제작의 가능성을 더욱 넓힐 수 있습니다. Python 라이브러리와 딥러닝 프레임워크를 활용하면 AI 모델을 직접 구축하거나 수정하여, 상용 툴로는 구현하기 어려운 독창적인 영상 효과나 합성 기술을 적용할 수 있습니다.

» Python 라이브러리, 딥러닝 프레임워크 등을 활용한 고급 테크닉

AI 영상 합성은 컴퓨터 비전(Computer Vision)과 딥러닝(Deep Learning) 기술을 기반으로 합니다. Python은 이러한 기술들을 구현하는 데 가장 널리 사용되는 프로그래밍 언어이며, 다양한 라이브러리와 프레임워크를 통해 복잡한 AI 모델을 효율적으로 다룰 수 있습니다.

1) OpenCV(Open Source Computer Vision Library)

이미지 및 영상 처리에 특화된 오픈소스 라이브러리입니다. 영상의 특정 객체를 감지하고 추적하거나, 배경을 제거하고 합성하는 등 다양한 컴퓨터 비전 작업을 수행할 수 있습니다. AI 모델의 전처리 및 후처리 과정에서 유용하게 활용됩니다.

예시 OpenCV를 사용하여 영상에서 사람의 얼굴을 인식하고, 인식된 얼굴에 다른 이미지를 합성하는 딥페이크와 유사한 효과를 구현할 수 있습니다.

참고 파이썬 OpenCV를 사용한 얼굴 인식 가이드(toolify.ai)
https://www.toolify.ai/ko/ai-news-kr/opencv-3888549

2) TensorFlow 및 PyTorch

구글과 페이스북에서 개발한 대표적인 딥러닝 프레임워크입니다. 이 프레임워크들을 사용하면 GAN(Generative Adversarial Networks), Diffusion Model 등 영상 생성 및 합성에 사용되는 복잡한 딥러닝 모델을 직접 구축하고 학습시킬 수 있습니다. 이를 통해 자신만의 독특한 영상 생성 모델을 만들거나, 기존 모델을 특정 목적에 맞게 커스터마이징할 수 있습니다.

예시 TensorFlow나 PyTorch를 사용하여 특정 스타일의 그림을 영상에 적용하는 스타일 전이(Style Transfer) 모델을 개발하거나, 텍스트 설명을 기반으로 새로운 영상을 생성하는 Text-to-Video 모델을 구현할 수 있습니다.

카카오와 같은 IT 기업들은 AI 해커톤을 개최하여 개발자와 기획자가 AI 기술을 활용한 새로운 협업 모델을 모색하고 있습니다. 이러한 해커톤은 AI와 인간의 협업을 통해 짧은 시간 안에 높은 생산성을 경험하는 기회를 제공합니다.

코딩을 통한 AI 영상 합성은 AI 영상 제작의 무한한 가능성을 열어 주는 영역입니다. 기술적 난이도는 높지만, 이를 통해 상상하는 모든 것을 영상으로 구현할 수 있는 자유를 얻을 수 있습니다. 개발자와의 효과적인 협업을 통해 이러한 고급 기술을 자신의 창작 활동에 적극적으로 도입해 보시기 바랍니다.

작품 스타일링과 특수 효과

AI 영상 제작은 단순히 콘텐츠를 생성하는 것을 넘어, 예술적 표현의 영역으로 확장되고 있습니다. AI 기술을 활용하면 특정 예술가의 스타일을 영상에 반영하거나, 영화적인 톤과 분위기를 손쉽게 구현할 수 있으며, 나아가 AR·VR과 같은 새로운 미디어와 결합하여 몰입감 있는 경험을 제공할 수 있습니다.

≫ 특정 예술가 스타일, 영화 톤 반영

AI의 스타일 전이(Style Transfer) 기술은 한 이미지나 영상의 내용(Content)은 유지하면서 다른 이미지나 영상의 스타일(Style)을 적용하는 것을 가능하게 합니다. 이를 통해 명화의 화풍이나 특정 영화의 시각적 특징을 자신의 영상에 입힐 수 있습니다.

1) 예술가 스타일 반영

빈센트 반 고흐의 '별이 빛나는 밤'이나 에드바르트 뭉크의 '절규'와 같은 유명 화가의 독특한 붓 터치와 색감을 자신의 영상에 적용할 수 있습니다. AI는 원본 영상의 움직임과 구도를 유지하면서 학습된 예술가의 화풍을 재현하여, 마치 명화가 살아 움직이는 듯한 새로운 형태의 미디어 아트를 창조할 수 있습니다.

딥러닝 기반의 '신경 스타일 전이(Neural Style Transfer, NST)' 기술은 이미지뿐만 아니라 영상에도 적용되어, 특정 예술가의 화풍을 영상에 입히는 연구와 실제 작품 제작에 활용되고 있습니다. 이를 통해 미디어 아티스트들은 AI를 활용하여 전통 예술과 현대 기술을 융합한 새로운 형태의 예술 작품을 선보이고 있습니다.

2) 영화 톤 반영

특정 영화 감독의 시그니처 색감, 조명, 화면 구성 등 영화적인 톤을 AI를 통해 영상에 적용할 수 있습니다. 예를 들어, 누아르 영화의 어둡고 강렬한 대비, 로맨틱 코미디의 밝고 따뜻한 색감 등을 AI 모델에 학습시켜 자신의 영상에 유사한 분위기를 연출할 수 있습니다. 이는 영상의 몰입도를 높이고 전달하고자 하는 메시지를 더욱 효과적으로 표현하는 데 기여합니다.

실제 사례

'딥브레인AI'와 같은 기업들은 텍스트 한 줄만으로도 영화적인 톤과 주제에 맞는 영상을 생성할 수 있는 AI 스튜디오를 개발하여, 사용자가 원하는 분위기의 영상을 손쉽게 제작할 수 있도록 지원하고 있습니다. 이는 AI가 영화 제작의 초기 기획 단계부터 시각적 톤을 결정하는 데 기여할 수 있음을 보여줍니다.

참고 딥브레인AI, 텍스트 한 줄로 영화급 영상 제작하는 'AI 스튜디오 4.0' 출시
https://www.aistudios.com/ko

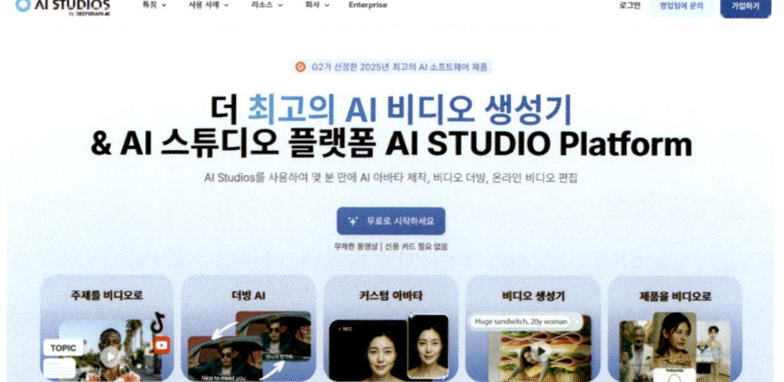

>> AR·VR 등 새로운 미디어와 결합

AI 영상 제작 기술은 증강현실(AR)과 가상현실(VR)과 같은 몰입형 미디어와 결합하여 사용자에게 더욱 풍부하고 인터랙티브한 경험을 제공합니다. AI는 AR·VR 콘텐츠 제작의 효율성을 높이고, 실시간 상호작용을 가능하게 하는 핵심 기술로 부상하고 있습니다.

1) AR 영상

AI는 AR 콘텐츠에서 현실 공간을 인식하고, 그 위에 가상 객체를 자연스럽게 합성하는 데 중요한 역할을 합니다. 예를 들어, 스마트폰 카메라를 통해 보이는 현실 공간에 AI가 생성한 가상의 캐릭터나 효과를 실시간으로 추가하여 인터랙티브한 영상을 만들 수 있습니다. 이는 교육, 게임, 마케팅 등 다양한 분야에서 활용될 수 있습니다.

예시 AI 기반의 얼굴 인식 기술을 활용하여 사용자의 얼굴에 실시간으로 다양한 필터나 메이크업 효과를 적용하는 AR 앱은 이미 널리 사용되고 있습니다. 나아가 AI는 사용자의 움직임이나 표정을 분석하여 가상 객체가 더욱 자연스럽게 반응하도록 만들 수 있습니다.

2) VR 영상

AI는 VR 환경에서 사실적인 3D 객체나 환경을 생성하고, 사용자의 상호작용에 따라 동적으로 변화하는 콘텐츠를 만드는 데 기여합니다. AI 기반의 3D 모델링 및 렌더링 기술은 VR 콘텐츠 제작 비용과 시간을 절감하고, 더욱 몰입감 있는 가상 세계를 구현하는 데 필수적입니다.

AI는 VR 환경에서 사용자의 시선이나 움직임을 분석하여, 그에 맞춰 가상 세계의 스토리나 장면을 실시간으로 변화시키는 인터랙티브 VR 콘텐츠 제작에 활용될 수 있습니다. 예를 들어, AI가 사용자의 감정을 인식하여 VR 속 캐릭터의 반응을 조절하는 등의 기술이 연구되고 있습니다.

 Blend AI Video with VR/AR: The Ultimate Experience! (Vidboard.ai Blog)] https://blog.vidboard.ai/vr-ar-integration/

AI 영상 제작은 단순히 영상을 만드는 것을 넘어, 예술과 기술의 경계를 허물고 새로운 미디어 경험을 창조하는 강력한 도구입니다. 파인튜닝, 코딩, 그리고 AR·VR과의 결합을 통해 AI는 창작자의 상상력을 현실로 구현하는 데 있어 무한한 가능성을 제공할 것입니다.

8장

나만의 영상 표현력 높이기

AI 기술의 발전은 영상 제작의 문턱을 낮추어 누구나 크리에이터가 될 수 있는 시대를 열었습니다. 하지만 단순히 AI 툴을 사용하는 것에 그치지 않고, 자신만의 독창적인 아이디어와 표현력을 영상에 담아내는 것이 무엇보다 중요합니다. 이 장에서는 AI를 활용하여 나만의 영상 표현력을 극대화하고, 창의적인 스토리텔링을 통해 시청자에게 깊은 인상을 남기는 방법을 다룹니다. 아이디어 발상부터 AI와의 협업, 그리고 콘텐츠 포맷 확장까지, 당신의 영상이 더욱 빛날 수 있는 실질적인 노하우를 제시합니다.

아이디어 발상과 스토리텔링

모든 훌륭한 영상은 창의적인 아이디어와 설득력 있는 스토리에서 시작됩니다. AI는 아이디어 발상과 스토리텔링 과정에서 강력한 조력자가 될 수 있지만, 최종적인 메시지와 감동은 여전히 인간의 창의성에서 나옵니다. AI 시대의 크리에이터는 AI를 활용하여 아이디어를 확장하고, 스토리를 구체화하는 능력을 키워야 합니다.

≫ 영상 콘텐츠로 전달할 메시지 구체화

영상을 만들기 전에 가장 먼저 해야 할 일은 '무엇을 말하고 싶은가?'를 명확히 하는 것입니다. 핵심 메시지가 명확할수록 영상의 방향성이 뚜렷해지고, 시청자에게 전달하고자 하는 바를 효과적으로 각인시킬 수 있습니다. AI는 이 과정에서 다양한 관점과 정보를 제공하여 메시지를 더욱 풍부하게 만들 수 있습니다.

1) 핵심 메시지 정의

영상이 궁극적으로 전달하고자 하는 단 하나의 메시지를 정의합니다. 예를 들어, 제품 홍보 영상이라면 '우리 제품은 당신의 삶을 더 편리하게 만든다'와 같이 간결하고 명확하게 설정합니다. 교육 영상이라면 '이 기술을 배우면 당신의 업무 효율이 2배 증가한다'와 같이 구체적인 이점을 제시할 수 있습니다.

AI 활용 팁

ChatGPT와 같은 생성형 AI에게 영상의 주제와 목표 시청자를 제시하고, '이 영상에서 전달할 수 있는 핵심 메시지 5가지 제안해 줘'와 같이 질문하여 다양한 메시지 후보를 얻을 수 있습니다. AI가 제안한 메시지들을 조합하거나 발전시켜 자신만의 메시지를 구체화할 수 있습니다.

2) 타겟 시청자 분석

누구에게 이 메시지를 전달할 것인가를 파악하는 것이 중요합니다. 타겟 시청자의 연령, 관심사, 배경지식 등을 고려하여 메시지의 톤 앤 매너와 표현 방식을 결정합니다. AI는 방대한 데이터를 기반으로 특정 타겟층의 특성을 분석하고, 그들에게 효과적인 소통 방식을 제안하는 데 도움을 줄 수 있습니다.

예시 10대 청소년을 위한 환경 보호 영상이라면, AI에게 '10대 청소년들이 공감할 수 있는 환경 보호 메시지를 숏폼 영상 형식으로 제안해 줘'라고 요청하여 트렌디하고 간결한 메시지를 얻을 수 있습니다. 반면, 전문가를 위한 기술 설명 영상이라면, AI에게 '기술 전문가들이 이해하기 쉬운 심층적인 기술 설명 메시지를 제안해 줘'라고 요청하여 전문성을 강조한 메시지를 얻을 수 있습니다.

3) 메시지 구체화

정의된 핵심 메시지를 바탕으로, 영상의 각 장면에서 어떤 내용을 보여주고 들려줄지 구체적으로 계획합니다. 메시지가 너무 많으면 시청자가 혼란스러워할 수 있으므로, 하나의 영상에는 하나의 핵심 메시지를 중심으로 내용을 구성하는 것이 효과적입니다.

≫ 시각적 연출과 대본 작성 팁

메시지가 구체화되었다면, 이를 시각적으로 어떻게 표현하고 어떤 대사로 전달할지를 계획해야 합니다. 시각적 연출과 대본은 영상의 완성도를 높이는 핵심 요소이며, AI는 이 과정에서 창의적인 아이디어를 제공하고 효율적인 작업을 돕는 중요한 도구가 될 수 있습니다.

1) 시각적 연출 팁

영상은 시각적 매체이므로, 메시지를 효과적으로 전달하기 위한 시각적 연출이 중요합니다. 구도, 색감, 조명, 카메라 워크 등을 통해 영상의 분위기를 조성하고 메시지를 강화할 수 있습니다.

2) 구도

3분할 법칙, 대칭 구도, 선형 구도 등을 활용하여 안정적이거나 역동적인 화면을 구성할 수 있습니다. AI 이미지 생성 툴(예: Midjourney, Stable Diffusion)에 특정 구도를 요청하는 프롬프트를 입력하여 다양한 시각적 레퍼런스를 얻을 수 있습니다.

3) 색감

영상의 분위기를 결정하는 중요한 요소입니다. 따뜻한 색감은 친근함이나 행복감을, 차가운 색감은 진지함이나 긴장감을 표현할 수 있습니다. AI 영상 편집 툴은 자동 색 보정 기능을 제공하여 일관된 색감을 유지하는 데 도움을 줍니다.

4) 카메라 워크

줌인/줌아웃, 패닝, 틸트, 트래킹 등 다양한 카메라 움직임을 통해 시청자의 시선을 유도하고 영상에 생동감을 불어넣을 수 있습니다. AI 기반의 영상 편집 툴은 이러한 카메라 워크를 자동으로 적용하거나 보정하는 기능을 제공하기도 합니다.

예시 제품의 디테일을 강조하고 싶다면 클로즈업 샷을, 넓은 공간감을 보여주고 싶다면 롱 샷을 활용합니다. AI에게 '제품의 섬세한 디자인을 강조하는 클로즈업 샷' 또는 '광활한 자연을 담은 롱 샷'과 같은 프롬프트를 주어 시각적 연출 아이디어를 얻을 수 있습니다.

참고 롱샷부터 클로즈업까지! 꼭 알아둬야 할 영상 샷 7가지
https://openads.co.kr/content/contentDetail?contsId=16104

5) 대본 작성 팁

영상 대본은 시청각 요소를 유기적으로 연결하고, 메시지를 효과적으로 전달하는 길잡이 역할을 합니다. 특히 AI 영상 제작에서는 AI가 이해할 수 있는 명확하고 구체적인 대본이 중요합니다. 영상은 시각적 정보가 주를 이루므로, 대사는 간결하고 핵심적인 내용을 담아야 합니다. 불필요한 미사여구나 반복적인 표현은 피하고, 시청자가 한 번에 이해할 수 있도록 명확하게 작성합니다.

6) 시각적 요소와 연동

대본에는 대사뿐만 아니라 각 장면에 필요한 시각적 요소(장면 전환, 자막, 효과음, 배경 음악 등)를 함께 명시하여 AI가 영상을 생성할 때 참고할 수 있도록 합니다. 이는 콘티의 역할을 겸할 수 있습니다.

7) AI 활용 대본 작성

ChatGPT와 같은 AI는 특정 주제와 목적에 맞춰 대본 초안을 작성하거나, 기존 대본을 요약·확장·수정하는 데 유용합니다. 예를 들어, '환경 보호 캠페인 숏폼 영상 대본을 1분 길이로 작성해 줘. 시작은 충격적인 이미지로, 중간에는 해결책 제시, 마지막은 행동 촉구 메시지로 구성해 줘'와 같이 구체적인 지시를 내리면 AI가 효과적인 대본을 생성할 수 있습니다.

아이디어 발상과 스토리텔링은 AI 영상 제작의 시작점이자 가장 중요한 단계입니다. AI를 활용하여 아이디어를 확장하고, 메시지를

구체화하며, 시각적 연출과 대본을 정교하게 다듬는다면, 당신만의
독창적인 영상 콘텐츠를 만들어 낼 수 있을 것입니다.

AI와 협업하는 크리에이티브 프로세스

AI는 더 이상 단순한 도구가 아닌, 창작 과정의 파트너로 진화하고 있습니다. AI가 제안하는 결과물을 바탕으로 새로운 상상력을 발휘하고, 인간의 감성과 AI의 효율성이 결합된 시너지를 창출하는 것이 AI 시대의 새로운 크리에이티브 프로세스입니다.

≫ AI가 제안하는 결과물을 바탕으로 새로운 상상력 발휘

AI는 방대한 데이터를 학습하여 인간이 미처 생각하지 못했던 아이디어나 패턴을 발견하고, 이를 바탕으로 새로운 결과물을 제안할 수 있습니다. 크리에이터는 AI가 생성한 결과물을 영감의 원천으로 삼아 자신의 상상력을 더욱 확장할 수 있습니다.

1) 아이디어 확장

특정 키워드나 콘셉트를 입력하면 AI는 수많은 이미지, 텍스트, 심지어 영상 초안까지 생성해 줍니다. 이 결과물들은 때로는 예상치 못한 조합이나 독특한 시각을 제공하여, 크리에이터의 아이디어를 새로운 방향으로 이끌 수 있습니다. 예를 들어, '미래 도시의 일상'이라는 프롬프트에 AI가 생성한 기괴하거나 아름다운 이미지를 보고, 이를 바탕으로 새로운 스토리나 캐릭터를 구상할 수 있습니다.

예시 한 광고 기획자가 새로운 제품 광고 콘셉트를 구상하던 중, AI 이미지 생성 툴에 '친환경 자동차가 달리는 미래 도시'라는 프롬프트를 입력했습니다. AI는 기존의 도시 이미지와는 다른, 식물로 뒤덮인 고층 빌딩과 공중을 나는 자동차 이미지를 생성했습니다. 이 이미지를 본 기획자는 '자연과 기술의 조화'라는 새로운 광고 콘셉트를 떠올렸고, 이를 바탕으로 광고 스토리를 발전시켰습니다.

2) 초기 스케치 및 프로토타입 제작

AI는 아이디어의 초기 단계에서 시각적인 스케치나 간단한 프로토타입을 빠르게 만들어 내는 데 유용합니다. 이를 통해 아이디어를 구체화하고, 잠재적인 문제점을 미리 파악하여 수정하는 시간을 단축할 수 있습니다. 영상 제작의 경우, AI가 생성한 스토리보드나 프리비주얼(Pre-visualization)을 통해 전체적인 흐름을 미리 파악하고 수정할 수 있습니다.

3) 창의적 제약 극복

때로는 창의적인 제약이 새로운 아이디어를 낳기도 합니다. AI가 생성한 다소 불완전하거나 예상치 못한 결과물은 크리에이터에게 새로운 도전 과제를 제시하고, 이를 해결하는 과정에서 더욱 독창적인 해결책을 찾도록 유도할 수 있습니다. AI의 한계를 인간의 창의성으로 보완하는 과정에서 새로운 예술적 표현이 탄생할 수 있습니다.

≫ AI와 인간 협업의 시너지 사례

AI와 인간의 협업은 각자의 강점을 극대화하여 단독으로는 달성하기 어려운 시너지를 창출합니다. AI는 데이터 처리, 패턴 인식, 반복 작업에 강하고, 인간은 감성, 직관, 비판적 사고, 윤리적 판단에 강합니다. 이 둘의 결합은 영상 제작 분야에서 혁신적인 결과물을 만들어 내고 있습니다.

1) 광고 및 마케팅 영상

AI는 방대한 소비자 데이터를 분석하여 타겟 고객에게 가장 효과적인 메시지와 시각적 요소를 제안하고, 이를 바탕으로 다양한 버전의 광고 영상을 빠르게 생성할 수 있습니다. 인간 크리에이터는 AI가 제안한 아이디어를 바탕으로 최종적인 콘셉트를 다듬고, 감성적인 스토리텔링을 더하여 광고의 설득력을 높입니다.

농심은 신제품 '데이플러스 포스트바이오틱스' 광고 캠페인에 AI를 활용했습니다. 프롬프트를 통해 AI 이미지를 생성하고 이를 광고에 활용하여 화제가 되었습니다. 이는 AI가 광고 제작의 초기 단계부터 시각적 콘셉트를 제안하고, 인간 크리에이터가 이를 발전시켜 실제 캠페인에 적용한 대표적인 AI와 인간 협업 사례입니다.

[오늘의 소마코 콕] 이게 AI로 만든 광고였다고? 생성형 AI를 활용한 광고 (모비인사이드)
https://www.mobiinside.co.kr/2024/06/17/gen-ai/

2) 영화 및 드라마 제작

AI는 시나리오 분석을 통해 흥행 가능성이 높은 스토리 구조를 제안하거나, 배우의 연기 분석을 통해 최적의 장면을 선별하는 데 도움을 줄 수 있습니다. 또한, 특수 효과 제작이나 배경 합성 등 반복적이고 정교한 작업에 AI를 활용하면 제작 효율을 높일 수 있습니다. 감독과 작가는 AI의 분석 결과를 참고하여 창의적인 결정을 내리고, 작품의 예술적 완성도를 높이는 데 집중할 수 있습니다.

영화 '듄(Dune)'의 시각 효과 팀은 AI 기반 도구를 사용하여 복잡한 모래벌레의 움직임이나 광활한 사막 풍경을 더욱 사실적으로 구현했습니다. AI는 수많은 레퍼런스 데이터를 학습하여 자연스러운 움직임과 질감을 만들어 냈고, 인간 아티스트는 AI가 생성한 결과물을 바탕으로 디테일을 조정하고 예술적인 터치를 더했습니다.

AI 기반 디자인과 크리에이티브 작업의 현재와 전망
https://seo.goover.ai/report/202504/go-public-report-ko-feeef58c-7523-4cfc-a3f0-9a5203c55385-0-0.html

3) 예술 창작

AI는 화가, 작곡가, 시인 등 다양한 예술 분야에서 인간 예술가와 협업하여 새로운 형태의 작품을 만들어 내고 있습니다. AI가 생성한 이미지나 음악은 예술가에게 영감을 주고, 예술가는 이를 재해석하거나 자신의 스타일로 변형하여 독창적인 예술 작품을 완성합니다.

국내에서는 AI 화가 '오비어스'가 그린 '에드몽 드 벨라미'와 같은 AI 아트 작품이 경매에 출품되기도 했으며, LG의 인공지능 아티스트 '틸다(Tilda)'와 박윤희 디자이너의 협업을 통해 새로운 의상 컨셉이 디자인되기도 했습니다. 이러한 사례들은 AI가 예술 창작의 새로운 지평을 열고 있음을 보여줍니다.

 국내 최초, 인간과 AI 협업(WIPNEWS)
https://www.wip-news.com/news/articleView.html?idxno=8383)

AI와 인간의 협업은 단순히 작업을 자동화하는 것을 넘어, 인간의 창의성을 증폭시키고 새로운 형태의 예술과 혁신을 탄생시키는 주요 원동력이 되고 있습니다. AI의 강점을 이해하고 이를 자신의 창작 과정에 효과적으로 통합하는 것이 미래 크리에이터의 핵심 역량이 될 것입니다.

콘텐츠 포맷 확장

AI 기술은 영상 제작의 효율성을 높이는 것을 넘어, 다양한 미디어 포맷을 넘나들며 콘텐츠를 확장할 수 있는 가능성을 열어줍니다. 영상 콘텐츠를 기획할 때부터 이미지, 음성, 텍스트 등 다른 미디어와의 융합을 고려하고, 나아가 크로스미디어 프로젝트를 구상한다면, 시청자에게 더욱 풍부하고 다층적인 경험을 제공할 수 있습니다.

≫ 영상 외에도 이미지·음성·텍스트 등 융합 콘텐츠 기획

멀티모달(Multimodal) AI 기술의 발전은 텍스트, 이미지, 음성, 영상 데이터를 동시에 분석하고 결합하여 더욱 자연스럽고 몰입감 있는 콘텐츠를 만들어 낼 수 있게 합니다. 이는 하나의 원천 소스에서 다양한 형태의 콘텐츠를 파생시키는 융합 콘텐츠 기획을 가능하게 합니다.

인기 웹툰의 세계관을 바탕으로 AI가 생성한 캐릭터들의 외전 스토리를 짧은 애니메이션 영상으로 제작하여 유튜브에 공개하고, 웹툰 독자들이 참여할 수 있는 AI 기반의 인터랙티브 게임을 개발할 수 있습니다. 이 과정에서 AI는 캐릭터 디자인, 배경 생성, 스토리 분기점 제안 등 다양한 역할을 수행할 수 있습니다.

웹툰 세계의 트랜스미디어 스토리텔링
https://www.youtube.com/watch?v=3SxgSOMq7Lc&pp=ygUHI-
y9mO2UvQ%3D%3D

2) 캠페인 및 브랜딩 확장

기업이나 브랜드는 AI 영상 콘텐츠를 중심으로 다양한 미디어 채널을 활용하여 통합적인 캠페인을 전개할 수 있습니다. AI가 생성한 광고 영상을 TV, 온라인 플랫폼에 송출하고, 영상에서 파생된 이미지와 텍스트 콘텐츠를 소셜 미디어, 블로그, 이메일 마케팅에 활용하여 브랜드 메시지를 일관되게 전달할 수 있습니다.

P&G의 'Thank You, Mom' 캠페인은 TV 광고를 중심으로 인쇄 매체, 디지털 콘텐츠 등 다양한 미디어를 활용하여 성공적인 크로스미디어 PR을 선보였습니다. AI를 활용한다면 이러한 캠페인의 기획 및 콘텐츠 제작 과정이 훨씬 효율적이고 개인화될 수 있습니다. 예를 들어, AI가 각 미디어 채널의 특성과 타겟 고객의 반응을 분석하여 최적화된 콘텐츠 포맷과 메시지를 제안할 수 있습니다.

3) 인터랙티브 콘텐츠 개발

AI는 시청자의 반응에 따라 스토리가 변화하거나, 사용자가 직접 콘텐츠에 개입할 수 있는 인터랙티브 영상 및 게임 개발에 기여할 수 있습니다. AI 기반의 실시간 콘텐츠 생성 및 반응형 시스템은 시청자에게 더욱 몰입감 있는 경험을 제공합니다.

AI가 시청자의 선택에 따라 스토리가 분기되는 인터랙티브 드라마를 제작하거나, 사용자의 음성 명령에 반응하여 영상 속 환경이 변화하는 가상현실(VR) 콘텐츠를 개발할 수 있습니다. AI는 이러한 복잡한 상호작용을 실시간으로 처리하고, 다양한 시나리오를 생성하는 데 핵심적인 역할을 합니다.

콘텐츠 포맷 확장은 AI 영상 제작의 궁극적인 목표 중 하나입니다. AI를 활용하여 영상 콘텐츠를 다양한 형태로 변주하고, 여러 미디어 플랫폼을 통해 스토리를 확장함으로써, 당신의 창작물은 더욱 넓은 범위의 시청자에게 도달하고 깊은 인상을 남길 수 있을 것입니다.

앞으로의 전망과 준비

AI 기술은 영상 제작의 패러다임을 근본적으로 변화시키고 있습니다. 과거에는 전문가의 영역으로 여겨졌던 영상 제작이 이제는 AI의 도움으로 누구나 쉽게 접근하고 창작할 수 있는 시대로 접어들었습니다. 이 장에서는 AI 영상 제작 기술의 미래를 전망하고, 이러한 변화 속에서 우리가 어떻게 준비하고 적응해야 할지에 대한 통찰을 제공합니다. 기술의 발전 추세부터 직업의 변화, 그리고 새로운 창작 생태계의 도래까지, AI 시대의 영상 크리에이터로서 지속 가능한 성장을 위한 로드맵을 제시합니다.

AI 영상 제작 기술의 미래

AI 기술은 상상 이상의 속도로 발전하고 있으며, 이는 영상 제작 분야에 혁신적인 변화를 가져오고 있습니다. 텍스트 한 줄로 고품질의 영상을 생성하거나, 기존 영상을 더욱 정교하게 편집하고 합성하는 기술은 이미 현실이 되었습니다. 앞으로 AI 영상 제작 기술은 더욱 고도화되어, 인간의 개입을 최소화하면서도 놀라운 수준의 결과물을 만들어 낼 것입니다.

≫ AI 발전 추세와 영상 분야 트렌드

AI 기술은 크게 두 가지 방향으로 발전하고 있습니다. 첫째는 생성형 AI(Generative AI)의 고도화입니다. 텍스트, 이미지, 오디오 등 다양한 형태의 데이터를 학습하여 새로운 콘텐츠를 생성하는 능력이 비약적으로 향상되고 있습니다. 특히, 오픈AI의 '소라(Sora)'와 같은 동영상 생성 AI의 등장은 영상 제작 산업에 엄청난 파급력을 예고하고 있습니다. 소라는 단순한 클립 생성을 넘어, 복잡한 장면과 캐릭터, 카메라 움직임까지 현실적으로 구현하며 영상 제작의 가능성을 무한히 확장하고 있습니다.

둘째는 '멀티모달 AI(Multimodal AI)'의 발전입니다. 이는 텍스트, 이미지, 음성, 영상 등 여러 종류의 데이터를 동시에 이해하고 처리하는 AI를 의미합니다. 멀티모달 AI는 사용자가 텍스트로 지시하면 그에 맞는 영상과 음성, 자막을 자동으로 생성하거나, 기존 영상에 새로운 시각적, 청각적 요소를 자연스럽게 합성하는 등 더욱 복합적인 작업을 수행할 수 있게 합니다. 이는 영상 제작 과정의 전반적인 자동화를 가속화할 것입니다.

영상 분야에서는 이러한 AI 기술 발전에 힘입어 다음과 같은 트렌드가 가속화될 것입니다.

1) 개인화된 콘텐츠

AI는 사용자 개개인의 취향과 선호도를 분석하여 맞춤형 영상을 실시간으로 생성하고 제공할 수 있게 될 것입니다. 예를 들어, 시청자의 감정 상태나 시청 이력에 따라 스토리 전개나 영상의 분위기가 달라지는 인터랙티브 콘텐츠가 더욱 보편화될 수 있습니다. AI 기반의 가상 프로덕션 기술은 실제 촬영 없이도 고품질의 배경과 환경을 구현할 수 있어, 제작 비용과 시간을 획기적으로 절감할 수 있을 것입니다. 이는 독립 영화 제작자나 소규모 스튜디오에게도 할리우드 수준의 영상 제작 기회를 제공합니다.

2) 실시간 콘텐츠 생성 및 스트리밍

AI는 실시간으로 데이터를 분석하고, 이를 바탕으로 즉석에서 영상을 생성하여 스트리밍하는 기술을 발전시킬 것입니다. 이는 뉴스 속보, 스포츠 중계, 라이브 커머스 등 실시간성이 중요한 분야에서 혁신적인 변화를 가져올 것입니다.

≫ 자동화·맞춤형 영상 생성의 극대화 가능성

AI 영상 제작 기술의 궁극적인 목표 중 하나는 '자동화'와 '맞춤형 생성'의 극대화입니다. 현재는 텍스트나 이미지 입력만으로도 기본적인 영상을 만들 수 있지만, 미래에는 더욱 정교하고 복잡한 요구사항을 AI가 스스로 이해하고 반영하여 영상을 생성할 수 있게 될 것입니다.

1) 완전 자동화된 영상 제작

사용자가 영상의 주제, 길이, 분위기, 타겟 시청자 등 몇 가지 정보만 입력하면, AI가 시나리오 작성부터 촬영(가상), 편집, 음향, 자막 삽입까지 모든 과정을 자동으로 처리하여 완성된 영상을 제공하는 시대가 올 것입니다. 이는 영상 제작의 진입 장벽을 더욱 낮추고, 누구나 아이디어만 있다면 영상 콘텐츠를 만들 수 있게 할 것입니다.

 사용자가 '오늘의 날씨를 알려주는 30초짜리 뉴스 영상'이라고 입력하면, AI
가 실시간 날씨 데이터를 기반으로 스크립트를 작성하고, 적절한 배경 영상
과 아나운서의 음성을 합성하여 자동으로 영상을 생성하는 시나리오를 상
상해 볼 수 있습니다.

 AI 동영상 생성기: 텍스트를 동영상으로 자동 변환 (Canva)
https://www.canva.com/ko_kr/features/ai-video-generator/

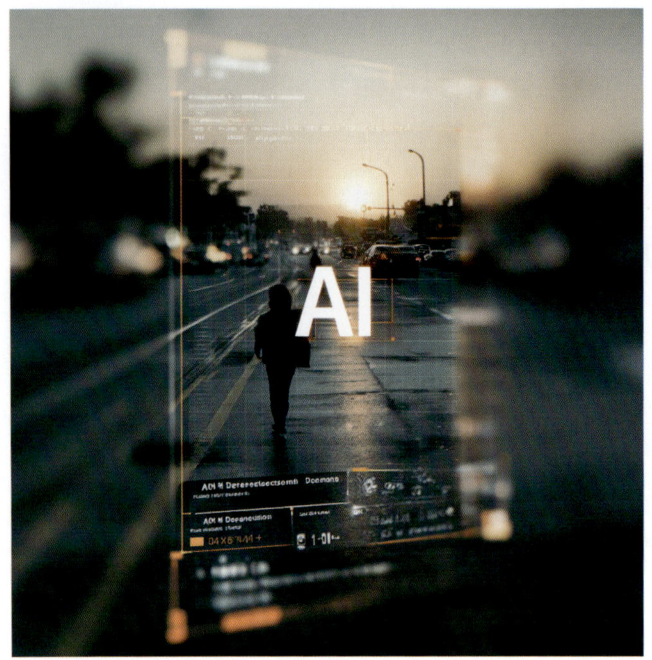

2) 초개인화된 맞춤형 영상

AI는 개인의 시청 기록, 선호도, 심지어 감정 상태까지 분석하여
최적화된 맞춤형 영상을 실시간으로 제공할 수 있게 될 것입니다. 이
는 광고, 교육, 엔터테인먼트 등 다양한 분야에서 혁신적인 사용자
경험을 창출할 것입니다.

 온라인 쇼핑몰에서 고객의 구매 이력과 관심 상품을 분석하여, 해당 고객만을 위한 맞춤형 제품 소개 영상을 자동으로 생성하여 제공할 수 있습니다. 영상 속 모델의 의상, 배경 음악, 심지어 내레이션의 톤까지 고객의 취향에 맞춰 변화하는 것이 가능해질 것입니다. 교육 분야에서는 학습자의 이해도와 진도에 따라 난이도와 내용이 조절되는 맞춤형 강의 영상이 제공될 수 있습니다.

이러한 자동화와 맞춤형 생성 기술의 발전은 영상 제작의 효율성을 극대화하고, 개인의 창의성을 더욱 자유롭게 발현할 수 있는 환경을 조성할 것입니다. 동시에, AI가 생성한 콘텐츠의 품질과 윤리적 책임에 대한 논의도 더욱 중요해질 것입니다.

직업·산업 패러다임 변화

   AI 영상 제작 기술의 발전은 단순히 작업 효율성을 높이는 것을 넘어, 영상 제작 산업 전반의 패러다임을 변화시키고 있습니다. 이는 기존 직업군에 영향을 미치고 새로운 직업을 탄생시키며, 전문 제작자와 일반 사용자 간의 경계를 허무는 등 다양한 변화를 야기하고 있습니다.

≫ 영상 제작 관련 직군에 미치는 영향

   AI는 영상 제작 과정에서 반복적이고 시간이 많이 소요되는 작업을 자동화함으로써, 기존 영상 제작 관련 직군에 큰 영향을 미치고 있습니다. 예를 들어, 영상 편집자는 AI 기반 편집 도구를 활용하여 컷 편집, 색 보정, 자막 생성 등의 작업을 훨씬 빠르고 효율적으로 수행할 수 있게 됩니다. 이는 작업 시간을 단축하고 생산성을 극대화하는 긍정적인 효과를 가져옵니다.

참고 AI와 함께하는 동영상 편집의 혁신
https://seo.goover.ai/report/202503/go-public-report-ko-b9f2b4e0-dff4-
4fed-8412-24069b6c408a-0-0.html

하지만 동시에 일부 직무는 AI에 의해 대체되거나 역할이 축소될 수 있다는 우려도 존재합니다. 단순 반복 작업이나 정형화된 콘텐츠 제작은 AI가 담당하게 되면서, 인간은 더욱 창의적이고 전략적인 역할에 집중하게 될 것입니다. 이는 영상 제작 전문가들에게 AI 도구를 능숙하게 다루고, AI가 생성한 결과물을 비판적으로 평가하며, 인간 고유의 감성과 스토리를 불어넣는 능력이 더욱 중요해진다는 것을 의미합니다.

새로운 직업군도 등장할 것으로 예상됩니다. AI 모델을 훈련시키고 관리하는 'AI 트레이너', AI가 생성한 콘텐츠의 품질을 검수하고 윤리적 문제를 해결하는 'AI 콘텐츠 큐레이터', AI 기술을 영상 제작에 접목하는 'AI 영상 솔루션 개발자' 등이 그 예시입니다.

참고 인공지능 직업 12가지, AI 일자리를 준비하는 방법(세일즈포스홈페이지)
https://www.salesforce.com/kr/hub/crm/ai-jobs/

≫ 전문 제작자와 일반 사용자 간의 경계 변화

AI 영상 제작 기술의 가장 큰 변화 중 하나는 '영상 제작의 진입 장벽을 낮춰 전문 제작자와 일반 사용자 간의 경계를 허물고 있다'는 점입니다. 과거에는 고가의 장비와 전문적인 기술, 오랜 경험이 있어야만 고품질의 영상을 만들 수 있었습니다. 하지만 이제는 AI 기반의 직관적인 툴 덕분에 비전문가도 아이디어만 있다면 누구나 쉽게 영상을 제작하고 유통할 수 있게 되었습니다.

1) 개인의 창작 역량 강화

유튜브, 틱톡 등 개인 미디어 플랫폼의 성장은 AI 기술과 맞물려 더욱 가속화될 것입니다. 일반 사용자들은 AI를 활용하여 자신만의 스토리를 담은 영상을 제작하고, 이를 통해 새로운 형태의 소통과 자기표현을 시도할 수 있습니다. 이는 '1인 미디어 크리에이터'의 시대를 더욱 확장시킬 것입니다.

참고 AI 시대, 당신이 '1인 영상 제작자'인 것이 역대급 행운인 이유 (YouTube)
https://www.youtube.com/watch?v=cHAG1mj33Ws

2) 전문가의 역할 변화

전문 제작자들은 AI를 단순한 도구로 활용하는 것을 넘어, AI가 제공하는 새로운 가능성을 탐색하고 이를 통해 더욱 혁신적인 결과물을 만들어 내는 데 집중하게 될 것입니다. AI는 반복 작업을 대신하고 아이디어를 제안하는 '협력자'로서, 전문가의 창의성을 더욱 극대화하는 역할을 수행할 것입니다. 예를 들어, 영화 감독은 AI를 활용하여 시나리오의 다양한 버전을 시뮬레이션하거나, 특정 장면의 시각적 효과를 미리 구현해 봄으로써 더욱 효율적이고 창의적인 의사 결정을 내릴 수 있습니다.

이러한 변화는 영상 제작 산업의 파이를 키우고 다양성을 증진시키는 긍정적인 효과를 가져올 수 있습니다. 동시에, 콘텐츠의 양산과 품질 관리, 그리고 AI가 생성한 콘텐츠의 진위 여부를 판단하는 미디어 리터러시의 중요성도 더욱 부각될 것입니다.

새로운 창작 생태계의 도래

AI 기술은 단순히 영상 제작 도구의 변화를 넘어, 창작 활동 전반의 생태계를 재편하고 있습니다. 특히 크리에이터 이코노미(Creator Economy)와 AI의 결합은 개인 창작자들에게 전례 없는 기회를 제공하며, 지속 가능한 창작 활동을 위한 새로운 방향을 제시하고 있습니다.

≫ 크리에이터 이코노미와 AI

크리에이터 이코노미는 개인이 자신의 콘텐츠를 통해 수익을 창출하는 경제 활동을 의미합니다. 유튜브, 틱톡, 인스타그램 등 다양한 플랫폼을 통해 개인 창작자들이 팬들과 직접 소통하고 수익을 얻는 구조가 확산되면서, 크리에이터 이코노미는 전 세계적으로 빠르게 성장하고 있습니다. AI는 이러한 크리에이터 이코노미의 성장을 더욱 가속화하는 핵심 동력으로 작용하고 있습니다.

1) 콘텐츠 제작 효율성 극대화

AI는 아이디어 구상부터 대본 작성, 영상 촬영 및 편집, 번역, 자막 생성, 심지어 마케팅 분석에 이르기까지 콘텐츠 제작의 전 과정에서 크리에이터를 지원합니다. 이를 통해 크리에이터는 시간과 비용을 절감하고, 더 많은 콘텐츠를 더 높은 품질로 생산할 수 있게 됩니다. 예를 들어, AI 기반의 글쓰기 도구는 크리에이터가 영상 스크립트를 빠르게 작성하도록 돕고, AI 영상 편집 툴은 복잡한 후반 작업을 자동화하여 크리에이터가 콘텐츠의 기획과 창의적인 부분에 더 집중할 수 있도록 합니다.

참고 생성형 AI 만나 다시 살아나는 크리에이터 이코노미(연합뉴스)
https://www.yna.co.kr/view/AKR20240628097400017

2) 개인화된 콘텐츠 제공 및 팬덤 강화

AI는 팬들의 시청 데이터를 분석하여 크리에이터가 어떤 콘텐츠를 만들고, 어떤 방식으로 소통해야 할지 인사이트를 제공합니다. 또한, AI 기반의 개인화된 콘텐츠 추천 시스템은 크리에이터의 콘텐츠가 더 많은 잠재 팬들에게 도달하도록 돕습니다. 나아가, AI 챗봇이나 가상 아바타를 활용하여 크리에이터가 팬들과 더욱 긴밀하게 소통하고 팬덤을 강화하는 새로운 방식도 등장하고 있습니다.

참고 나 대신 팬과 소통하는 AI… 크리에이터 혁명(The Miilk)
https://www.themiilk.com/articles/a37e01302

3) 수익 창출 다각화

AI는 크리에이터가 콘텐츠를 통해 수익을 창출하는 방식을 다각화하는 데 기여합니다. 예를 들어, AI 기반의 광고 최적화 도구는 크리에이터의 광고 수익을 극대화하고, AI를 활용한 맞춤형 상품 제작 및 판매도 가능하게 합니다. 또한, AI를 통해 생성된 콘텐츠 자체를 판매하거나, AI 모델을 활용한 새로운 비즈니스 모델을 구축하는 것도 가능해집니다.

≫ 지속 가능한 창작자로 성장하기 위한 제언

AI 시대의 새로운 창작 생태계에서 지속 가능한 창작자로 성장하기 위해서는 다음과 같은 노력이 필요합니다.

1) AI 도구의 숙련된 활용

AI는 더 이상 선택이 아닌 필수 도구입니다. 다양한 AI 영상 제작 툴과 관련 기술을 적극적으로 학습하고, 자신의 창작 과정에 효과적으로 통합하는 능력을 길러야 합니다. AI의 기능을 최대한 활용하여 반복 작업을 자동화하고, 창의적인 아이디어를 빠르게 시각화하는 데 집중해야 합니다.

2) 인간 고유의 창의성 강화

AI는 데이터를 기반으로 학습하고 생성하지만, 인간 고유의 감성,

통찰력, 그리고 독창적인 스토리텔링 능력은 여전히 대체 불가능한 영역입니다. AI가 줄 수 없는 깊이 있는 메시지, 공감을 불러일으키는 서사, 그리고 예측 불가능한 예술적 표현을 통해 자신만의 독특한 정체성을 구축해야 합니다. AI가 제안하는 결과물을 맹목적으로 수용하기보다는, 이를 바탕으로 새로운 상상력을 발휘하고 자신만의 색깔을 더하는 것이 중요합니다.

참고 AI 시대에도 예술가는 살아남을까? 창작자를 위한 2024년 생존 전략 (toolify.ai)
https://www.toolify.ai/ko/ai-news-kr/ai-2024-3507927

3) 윤리적 책임과 미디어 리터러시 함양

AI 기술의 발전은 딥페이크, 가짜 정보 생성 등 윤리적 문제와 사회적 혼란을 야기할 수 있습니다. 창작자는 AI를 활용하여 콘텐츠를 제작할 때 윤리적 기준을 준수하고, 자신이 생성하는 콘텐츠가 사회에 미칠 영향에 대해 깊이 고민해야 합니다. 또한, AI가 생성한 정보와 실제 정보를 구별하고 비판적으로 수용하는 미디어 리터러시 능력을 함양하는 것이 중요합니다.

참고 AI 시대, 창작자 권리 보호의 제도 마련(AI Times)
https://www.aitimes.com/news/articleView.html?idxno=171303

4) 지속적인 학습과 협력

AI 기술은 빠르게 변화하고 발전합니다. 새로운 기술과 트렌드를 지속적으로 학습하고, 다른 크리에이터나 AI 전문가들과의 협력을 통해 지식과 경험을 공유하는 것이 중요합니다. 커뮤니티 활동에 참여하거나 관련 교육 프로그램에 참여하여 끊임없이 자신을 발전시켜야 합니다.

AI는 창작자에게 위협이 아닌, 새로운 가능성을 열어주는 강력한 도구입니다. AI를 이해하고 적극적으로 활용하며, 인간 고유의 창의성을 발휘한다면, AI 시대의 새로운 창작 생태계에서 지속 가능한 성장을 이룰 수 있을 것입니다.

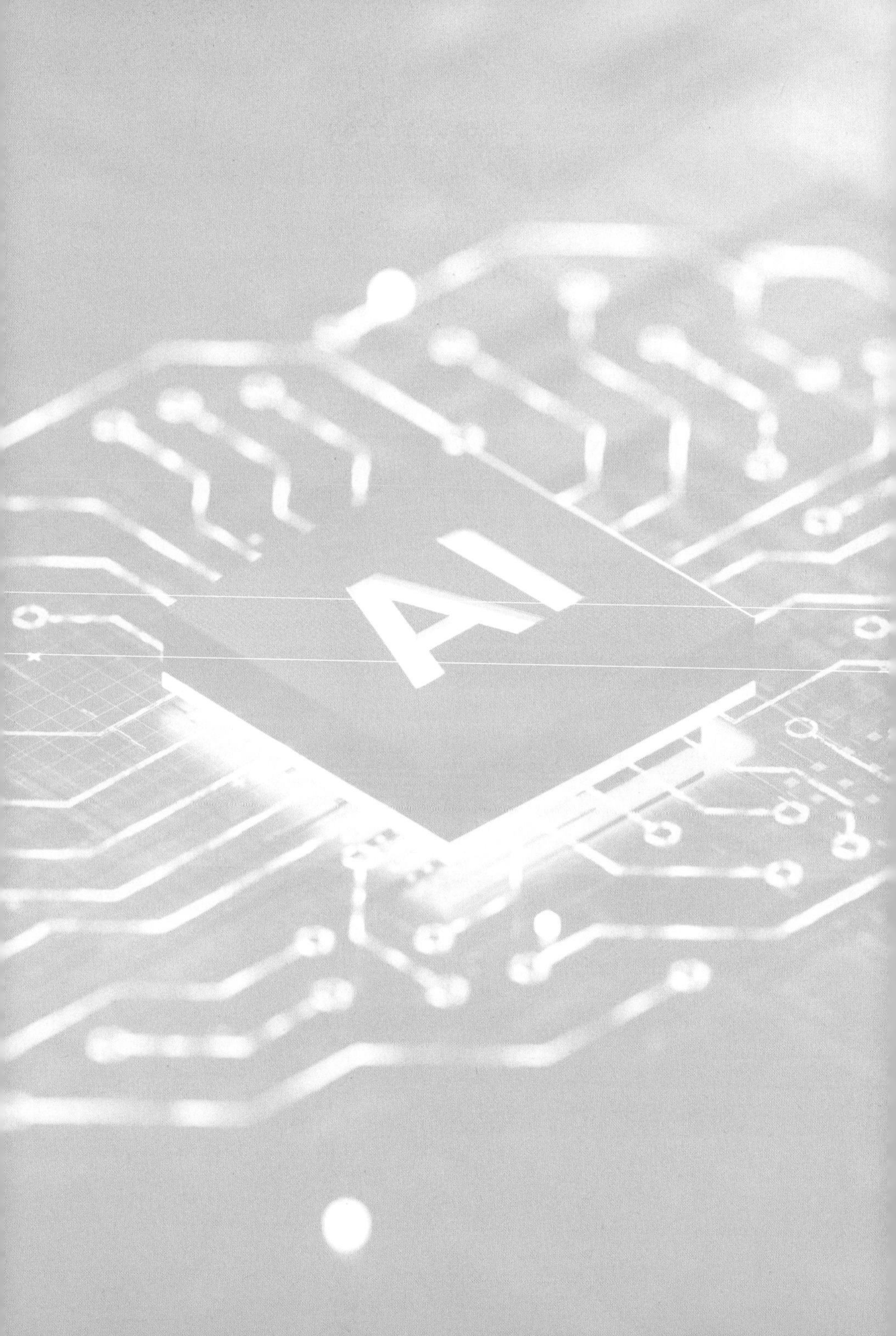

AI

AI 영상은 새로운 표현 도구

이 책을 통해 우리는 AI 영상 제작의 기초부터 고급 활용, 그리고 윤리적 고려사항에 이르기까지 다양한 측면을 탐구했습니다. AI 기술은 더 이상 먼 미래의 이야기가 아니라, 이미 우리의 삶과 창작 활동에 깊숙이 들어와 있는 현실입니다. 특히 영상 제작 분야에서 AI는 개인의 창의성을 확장하고, 새로운 형태의 스토리텔링을 가능하게 하는 강력한 도구로 자리매김하고 있습니다.

AI 영상 제작을 통한 자기표현의 확장

    AI 영상 제작은 단순히 기술적인 편리함을 넘어, 우리 각자의 내면에 잠재된 이야기와 아이디어를 세상에 드러내는 새로운 통로를 제공합니다. 과거에는 높은 진입 장벽 때문에 영상 제작을 엄두 내지 못했던 많은 사람들이 이제는 AI의 도움으로 자신만의 독특한 시각과 목소리를 영상으로 표현할 수 있게 되었습니다.

≫ 독자들이 얻을 수 있는 가치와 비전

    이 책의 독자 여러분은 AI 영상 제작을 통해 다음과 같은 가치와 비전을 얻을 수 있을 것입니다.

1) 창작의 자유

    복잡한 기술적 제약에서 벗어나, 오직 아이디어와 스토리텔링에 집중하여 영상을 만들 수 있는 자유를 경험하게 될 것입니다. AI는 여러분의 상상력을 현실로 구현하는 가장 충실한 조력자가 될 것입니다.

2) 개인의 영향력 확대

자신만의 개성 있는 영상 콘텐츠를 통해 더 많은 사람들과 소통하고, 자신의 메시지를 효과적으로 전달함으로써 개인의 영향력을 확장할 수 있습니다. 이는 취미 활동을 넘어, 새로운 커리어 기회로 이어질 수도 있습니다.

3) 미래 역량 강화

빠르게 변화하는 디지털 시대에 AI 기술을 이해하고 활용하는 능력은 필수적인 역량입니다. AI 영상 제작을 통해 여러분은 미래 사회가 요구하는 핵심적인 기술과 창의적 사고를 동시에 함양하게 될 것입니다.

4) 새로운 시각과 통찰

AI가 생성하는 다양한 결과물을 접하면서, 기존에는 생각하지 못했던 새로운 시각과 통찰을 얻을 수 있습니다. 이는 여러분의 창의적 사고를 자극하고, 문제 해결 능력을 향상시키는 데 기여할 것입니다.

≫ 지속적인 학습과 업데이트의 중요성

AI 기술은 매일같이 발전하고 있으며, 새로운 툴과 기능이 끊임없이 등장하고 있습니다. 따라서 AI 영상 제작 분야에서 앞서나가기 위해서는 지속적인 학습과 업데이트가 무엇보다 중요합니다. 이 책은 AI 영상 제작의 여정을 시작하는 데 훌륭한 길잡이가 되겠지만, 이것이 끝이 아님을 기억해야 합니다.

1) 새로운 툴과 기능 탐색

최신 AI 영상 제작 툴과 그 기능을 꾸준히 탐색하고 직접 사용해보는 것이 중요합니다. 각 툴마다 강점과 특징이 다르므로, 자신의 목적에 맞는 툴을 찾아 익숙해지는 노력이 필요합니다.

2) 커뮤니티 참여

AI 영상 제작 관련 온라인 커뮤니티나 포럼에 참여하어 디른 창작자들과 경험을 공유하고, 새로운 정보와 팁을 얻는 것도 좋은 방법입니다. 함께 배우고 성장하는 과정에서 더욱 풍부한 아이디어를 얻을 수 있습니다.

3) 실전 경험 축적

이론적인 지식뿐만 아니라, 실제로 다양한 프로젝트를 시도하며 경험을 쌓는 것이 중요합니다. 작은 영상이라도 꾸준히 만들고, 결과물을 분석하며 개선점을 찾아 나가는 과정에서 실력이 향상될 것입니다.

4) 윤리적 책임 의식 함양

기술의 발전과 함께 윤리적 문제도 끊임없이 제기됩니다. AI를 활용한 창작 활동에 있어서 항상 책임감을 가지고, 저작권, 초상권, 딥페이크 등 윤리적 이슈에 대한 인식을 높여야 합니다. 이는 건강한 창작 생태계를 조성하는 데 필수적입니다.

참고자료 및 추천 리소스

AI 영상 제작은 끊임없이 진화하는 분야이므로, 이 책에서 다룬 내용을 바탕으로 지속적으로 학습하고 새로운 정보를 습득하는 것이 중요합니다. 다음은 추가 학습을 위한 유용한 온라인 리소스와 커뮤니티, 그리고 툴 정보입니다.

≫ 추가 학습을 위한 온라인 튜토리얼, 커뮤니티, 툴 정보

1) 온라인 튜토리얼 및 강좌

AI 영상 제작 툴은 대부분 공식 웹사이트나 유튜브 채널을 통해 상세한 튜토리얼을 제공합니다. 이를 적극적으로 활용하여 각 툴의 기능을 익히고, 실전 예제를 따라 해보는 것이 좋습니다.

예시 RunwayML 공식 아카데미 사이트(https://academy.runwayml.com/)
Midjourney 공식 가이드(https://docs.midjourney.com/hc)

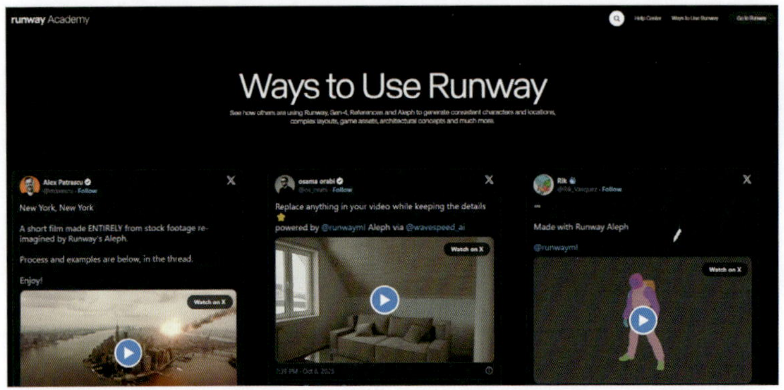

2) 커뮤니티 및 포럼

AI 영상 제작에 관심 있는 사람들이 모인 온라인 커뮤니티나 디스코드(Discord) 서버, 페이스북 그룹 등에 참여하여 정보를 교환하고, 질문하며, 자신의 작업물을 공유하는 것은 학습에 큰 도움이 됩니다. 다른 사람들의 작업물을 보고 영감을 얻거나, 문제 해결에 대한 도움을 받을 수 있습니다.

예시 AI Art & Creative Tools Discord 서버, 국내 AI 영상 제작 관련 네이버 카페나 오픈채팅방 등

3) AI 영상 제작 툴 정보

이 책에서 소개된 툴 외에도 다양한 AI 영상 제작 툴이 존재하며, 각 툴마다 특징과 장단점이 다릅니다. 새로운 툴이 출시될 때마다 관심을 가지고 정보를 찾아보고, 직접 사용해 보면서 자신에게 맞는 툴을 찾아가는 것이 중요합니다.

① 텍스트 기반 영상 생성 툴: Pictory, Lumen5, InVideo, Synthesys
등

② 이미지·애니메이션 기반 영상 생성 툴: Midjourney, D-ID, Kaiber,
Gen-1(RunwayML), Pika Labs 등

③ 실사 영상 편집·합성 툴: RunwayML(Gen-2), Adobe Firefly(베타),
DaVinci Resolve(AI 기능 포함) 등

④ 기타 유용한 AI 툴: ElevenLabs(음성 생성), HeyGen(아바타 영상
생성), Descript(오디오·비디오 편집 및 트랜스크립션) 등

4) 뉴스레터 및 블로그

AI 기술 및 영상 제작 트렌드에 대한 최신 정보를 얻기 위해 관련
뉴스레터나 전문 블로그를 구독하는 것도 좋은 방법입니다. 빠르게
변화하는 AI 분야의 흐름을 놓치지 않고 따라갈 수 있습니다.

이러한 리소스들을 적극적으로 활용하여 AI 영상 제작에 대한 이
해를 넓히고, 자신만의 창의적인 결과물을 만들어 내는 데 도움이 되
기를 바랍니다.

AI는 영상 제작을
어떻게 바꾸는가

초판 1쇄 발행 2025년 12월 08일

지은이 주광수, 윤성욱
펴낸이 류태연

펴낸곳 렛츠북
주소 서울시 영등포구 문래북로 116, 1005호
등록 2015년 05월 15일 제2018-000065호
전화 070-4786-4823 | **팩스** 070-7610-2823
홈페이지 http://www.letsbook21.co.kr | **이메일** letsbook2@naver.com
블로그 https://blog.naver.com/letsbook2 | **인스타그램** @letsbook2

ISBN 979-11-6054-782-5　13000